行政法成本收益分析原则研究

The Cost-Benefit Analysis Principle of Administrative Law

国家社科基金青年项目『行政法视野中的成本收益分析方法研究』成果（项目批准号：15CFX034）

贸大法学学术文库

郑雅方 著

法律出版社
LAW PRESS · CHINA
北京

图书在版编目(CIP)数据

行政法成本收益分析原则研究 / 郑雅方著. -- 北京:法律出版社, 2020(2022.6 重印)
(贸大法学学术文库)
ISBN 978-7-5197-5287-3

Ⅰ. ①行… Ⅱ. ①郑… Ⅲ. ①行政法-成本-效益分析-研究-中国 Ⅳ. ①D922.104

中国版本图书馆 CIP 数据核字(2020)第 262927 号

行政法成本收益分析原则研究
XINGZHENGFA CHENGBEN SHOUYI FENXI YUANZE YANJIU

郑雅方 著

策划编辑 陈 妮
责任编辑 陈 妮 黄 筝
装帧设计 臧晓飞

出版发行 法律出版社
编辑统筹 法治与经济出版分社
责任校对 王 丰 李景美
责任印制 吕亚莉
经 销 新华书店

开本 710 毫米×1000 毫米 1/16
印张 9.5 **字数** 143 千
版本 2020 年 12 月第 1 版
印次 2022 年 6 月第 2 次印刷
印刷 固安华明印业有限公司

地址:北京市丰台区莲花池西里 7 号(100073)
网址:www.lawpress.com.cn
投稿邮箱:info@lawpress.com.cn
举报盗版邮箱:jbwq@lawpress.com.cn
销售电话:010-83938349
客服电话:010-83938350
咨询电话:010-63939796

书号:ISBN 978-7-5197-5287-3
定价:63.00 元

凡购买本社图书,如有印装错误,我社负责退换。电话:010-83938349

序

欣闻雅方研究多年的《行政法成本收益分析原则研究》即将付梓，作为她的导师，我欣然接受了为本书写序的邀请。雅方对经济学的专研已有十余年，还记得起初她对于自己作为行政法学人系统学习经济学的能力尚有疑虑，而我却对她充满信心，鼓励她努力寻找真正意义上行政法学与经济学的智识融合，并以行政法学的话语表达出来。在“政府—市场—社会”三元结构理论中，行政法学具有以法治的方式框定政府活动的任务，综合运用政治学、经济学、社会学等交叉学科的知识，是我国行政法学走向科学化的时代使命。而经济学在现有的交叉学科的研究中较薄弱，能够付出高昂的时间成本系统研究经济学的理论问题并转化为行政法学智识的研究更是凤毛麟角。

行政法学者研究经济学，往往会遇到两种困境。一种是直接嫁接经济学的理论体系，而难以使经济学的方法论与行政法学方法论的相互兼容；另一种是过于痴迷经济学的理论，而忘记了行政法学研究经济学的初衷。这两种状态雅方都经历过，最终她从对经济学的迷思中走出来，以行政法学的视角看待经济学的价值，论证经济学的方法论在行政法学领域转化的场域，总结出法学需要对经济学的借鉴到底在何处。本书是她认为相对比较成型的初步成果,我认为主要的学术贡献如下。

第一,本书打破了既有研究对成本收益分析在行政法中的定位,不再仅从工具层面展开研究,实现了从传统认识中“行政法成本收益分析方法”向“行政法成本收益分析原则”的转化,使成本收益分析原则成为行政法中的基本原则之一,第一次全面论证了社科法学模式在我国行政法中确立的意义以及对传统行政法中以法教义学为主导的方法论缺失的弥补,进一步拓宽了行政基本原则的场域,彰显了行政法基本原则本应该具有的时代价值。

第二,本书成功地将经济学方法论引入行政法学中,是我国行政法学理论中以行政法的视角对“法和经济学”这个学科进行反思和重构的作品。“法和经济学”至今已经走过了近半个世纪,其发展不仅表现为经济学与法学的跨学科交融,也体现出经济学的研究范式对传统法学的巨大冲击与整合。本书并非典型意义上的科斯(Coase)所代表的“法和经济学”,也非波斯纳(Posner)所代表的“法律的经济分析”。作者坚守自己作为行政法学人的立场,强调经济学要对行政法的理论和实践有所助益。本书重点在于借鉴经济学的理论和方法,以提升行政法的现实解释力和行政法的科学化转型。因此,作者首先对我国行政法理论体系中引入成本收益分析原则的正当性进行论证,然后谈到功能定位、逻辑技术与适用展开。理智地以行政法学本体论为基础,摒弃了唯理主义和学科单向移植的偏颇与谬误,如此更有利于经济学和行政法学智识的双向交流与互补。

第三,本书以重大行政决策和纠纷解决为例,从现实层面对成本收益分析原则的可适用性进行了论证。行政法成本收益分析原则具有重要的实践意义,所涉及的领域非常宽泛,尤其是在我国行政法理论在重大行政决策、纠纷解决的制度选择、行政裁量行使的合理性、优化营商环境的政策选择及以财政为中心的全面绩效政府改革等亟须由行政法学回应的领域具有更加广泛的适用空间。更重要的是,2020 年之后,国际格局产生了新变化,中国法的域外适用少不了行政法部分,在科学性、技术性、专业性强的跨国规制领域,在国际规则的制定及对政府行为合理性的判断上,成本收益分析原则具有更科学的说理逻辑,既是在“政府—市场—社会”的三元关系中寻找政府介入复杂利益的绩效评价的政治过程,也是基于此的行政行为合法性、合理性与有效性的判断过程。从这个层面而言,成本收益分析原则进一步的深化研究,已经具有了在国家层面深化研究的现实意义。本书的研究仅针对上述部分领域展开了论证,更为广泛的现实议题寄希望于作者的后续研究。

第四,成本收益分析原则的建立为我国行政法学在跨学科知识整合中的主导地位奠定了理论基础。本书强调成本收益分析原则在我国行政法上的适用具有“宏观层面的广泛性”与“微观层面的特定性”双重属性。所谓宏观层面的广泛性,是指成本收益分析原则的原理与法治政府的基本理念是相同的,任何行政活动都应该量入而出,而不能不计成本地行使行政权力;所谓微观层面的特定性,是指成本收益分析原则在每一个行政领域的每一个问题上都具有特定性,分析思路、方法、方案都是特定的,演绎法和数学模型的使用,具有形式化、定量化、精确化和逻辑一致性。成本收益分析原则作为具有社科法学研究范式特点的行政法基本原则,相较传统的法教义学研究,对行政法专家在复杂行政活动判断中作为主导提出了更高要求。交叉学科的智识融合、定量与定性分析相结合,事实与价值相分离等要求,不仅对传统的以法教义学为主导的行政法学解释论提出了挑战,更重要的是对行政法学者知识更新速度和创新能力提出了更高要求。然而,行政法学者必须克服重重困难,处理法治政府建设中的各种疑难问题,提升行政法学的现实解释力,成为推动国家治理能力与治理体系现代化建设中的重要力量。

本书是一本交叉学科研究方法在行政法学原则论中得以运用的初探

性著作，期待作者有更多的精细化成果的问世，以充实社科法学在行政法学科理论深化研究中的作用。

是为序。

江必新*

庚子年冬月

---

* 中国法学会副会长，全国人大宪法和法律委员会副主任委员，湖南大学、对外经贸大学教授。

前　　言

在国家治理能力与治理体系现代的语境中，对行政行为效力的判断必须建立在“政府—市场—社会”科学分工的基础上。而一方面，政府需要介入市场与社会的复杂利益中，面对多元化的新问题；另一方面，需要打破传统行政法关于行政法旧理念、旧思维、旧方法之不能，判断行政行为合法性并关注行政活动的结果与成效，即政府绩效。从《中共中央　国务院关于全面实施预算绩效管理的意见》及《国务院工作规则》[1]强调要严格绩效管理、加强行政管理的绩效考核指标建设，到《政府投资条例》要求“政府投资应当遵循科学决策、规范管理、注重绩效、公开透明的原则”，标志着我国将对政府绩效量入为出能力的要求提到了前所未有的高度。而2019年出台的《重大行政决策程序暂行条例》要求政府“作出重大行政决策要遵循科学决策原则……运用科学技术和方法……对决策实施的风险运用定性分析与定量分析等方法进行科学预测、综合研判”等规定标志我国正式进入了“全面理性治理范式”的深度变革期。[2] 同时，大数据时代强调以尊重事实、强调精确、推崇理性和逻辑的国家治理模式，以数字化为特点的

〔1〕 参见2018年9月1日《中共中央　国务院关于全面实施预算绩效管理的意见》及2018年12月3日《国务院工作规则》。

〔2〕 参见国务院《政府投资条例》第4条及《重大行政决策程序暂行条例》第5条、第23条。

政府行为需要行政法学具有更准确化与体系化的逻辑及更强的现实解释力。然而,我国行政法学现有的理论体系,尚且无法回应政府上述要求并提供操作指引。〔1〕

行政法理论要革新,基本原则论即为第一步。行政法的基本原则是贯彻行政法律规范的始终、指导行政法律关系主体行使权利、履行义务的基本准则。我国行政法的基本原则构建主要有三种进路:第一种是借鉴国外的既有研究成果;第二种是通过价值分析而确立;第三种是基于行政法学的基本理念而确立。而行政法基本原则的当下之景即衍生原则较多,适用较混乱,且没有规范的逻辑分析框架;从国外移植的原则颇多,与我国当下政府管理实践相脱节;缺乏现实的解释力,已然不能解决我国行政法的本土问题。本书主张在行政法中建立成本收益分析原则同时包含了上述三种进路,即在借鉴经济学成本收益分析的基础上,参考既有实践经验,综合价值分析,基于行政法学的基本原理为逻辑结构的行政法的基本原则。

鉴于此,将经济学中的成本收益分析引入我国行政法学的理论中,以其分析逻辑、定量分析与定性分析相结合的优势,可弥补传统行政法科学性的缺失,使行政法的理论与实践中的主观表达客观化,切实地加强行政解释的解释力,进而实现新行政法学方法论的变革。同时,在跨学科理论的融合过程中,往往会导致理论内化为学科的基本原则乃至理念,因此,在我国行政法中构建成本收益分析原则作为我国行政法的基本原则之一,某种程度上就等于构建了一种行政法学理论的思维方式和思维能力。〔2〕

---

〔1〕 在此之前,我国的《行政许可法》、《中国共产党第十九届中央委员会第四次全体会议公报》,以及国务院2004年《全面推进依法行政实施纲要》《关于加强法治政府建设的意见》都提出过成本收益分析的要求;WTO框架下关于《TBT协议》与《SPS协议》中要求的必要性测试,也要求使用成本收益分析。

〔2〕 成本收益分析最先在1902年的美国行政法中开始运用,然而本书所主张的在我国行政法中所构建的成本收益分析原则与其并不相同,行政法学的理论受行政生态的影响,在不同国家具有不同意义。

目录

第一章 我国行政法理论体系中引入经济学成本收益分析原则的正当性

“概念乃是解决问题所必需和必不可少的工具，没有限定的专门概念，我们便不能清楚地和理智地思考法律问题。”[1]我国行政法的理论包括由概念所构成的知识体系、理论体系及研究方法，最集中的表达方式为“学科范式”或“研究范式”。“成本收益分析”为公共的或者私人的决策提供决策信息，是一种量入为出的经济理念。其最本原的意义是一种通过权衡收益与成本来进行经济决策的分析方法。在经济学上，任何一个经济体在进行经济活动时，必须考虑经济行为的价值得失，以便对投入产出有一个尽可能科学的估计。行政法学借鉴经济学中的成本收益分析的逻辑框架，用以解决规范性问题的科学阐释，确定结果公正的标准并设计有效地达到这一结果的程序。综上，本书将要展开论证的行政法上的“成本收益分析原则”的概念是根据我国实际行政土壤构建的，以解决实际问题为目的的实用主义哲学为功能定位，以定量分析与定性分析相结合为科学的方法论，以事实与规范问题相分离为程序结构特点的工具性和程序性并重的行政

[1] [美]E. 博登海默：《法理学——法哲学及其方法》，邓正来译，华夏出版社 2017 年版，第 504 页。

法学的基本原则。

第一节 经济学成本收益分析原则的理论基础

“实用主义坚决地、完全地摒弃了职业哲学家们许多由来已久的习惯，避开了不切实际的抽象和不当之处，避开了字面上的解决方式、坏的先验理由、固定的原则、封闭的体系以及虚假的绝对和根本。”[1]这也正是为什么成本收益分析在行政法中应用的争论经过了相当长的时间仍然被沿用至今的原因。实用主义不以实证主义为前提，因为实用主义认为，任何理论想找到普遍而确定的基础是不可能的，没有任何一个学科或者任何一种文化对知识或真理享有特权。[2] 经济学成本收益分析原则在行政法中经过了100多年的发展，融合了多学科知识的精华，具有深厚的理论基础。

一、公共政策评估理论基础

起始于20世纪50年代，拉斯韦尔、朵尔(Dror)和其他学者明确提出了一个专门关于社会重要问题的评估的准则，拉斯韦尔提出需要一个新的领域去关注人在社会中的基本问题，传统的原则是不足够的，为了实现改善公共政策的这两个方面的目标，他们研究的焦点集中于政策决议是如何达成的，以及好的公共政策是由什么构成的。对于后者的研究就相应地产生了公共政策分析领域，政策科学的一种应用的和分离的形式。拉斯韦尔认为，少数的社会问题可以通过单一的学科的视角被充分地理解，因此他提出的新的方法应该是跨学科的、针对具体问题有条理的。新方法应该是

---

〔1〕[美]威廉·詹姆士:《实用主义》,李步楼译,商务印书馆2012年版,第32页。

〔2〕See John Stick,“Can Nihilism Be Pragmatic?”,100 *Harv. L. Rev.* 332,340(1986).

规范性的,因为其目标是改善民主的实践和改善社会,而不仅是提供新知识。[1] 为了促进民主的实践,政策科学必须了解公民和政府机构并且作为二者之间的桥梁。如今,公共政策分析的实践事实上在政府中已经根深蒂固。这个时期成为更好的政策制定的转折点,拉斯韦尔和朵尔将政策定义为经过慎重偏好取向的渐进性成果。[2] 然而,当代的公共政策分析的方法论并未基于拉斯韦尔的视角。分析家运用理性的选择方法论、在封闭的学科的框架内实施(该框架受到经济学和完全的政治学的理论控制),以及获得客观的不受价值观影响的分析的愿望。公平地说,占据主导地位的制定、贯彻、评价公共政策的方法是理性选择或其他一种变异。[3]

在公共规制、环境政策、政治科学及政策科学领域,很多杰出的学者们支持用拉斯韦尔式的方法去衡量公共政策的价值。按政策科学进步运动(the Progressive Movement's)的要求,其希望可以减少权力和政治在社会政策发展过程中所发挥的作用。为了实现这一愿望,拉斯韦尔提出了一个截然不同的专门用于对公共政策进行评估的科学方法。但是不久后,由于研究者们开始使用实证主义和理性选择的方法论对公共政策进行研究,拉斯韦尔的观点黯然失色。然而,从 20 世纪 60 年代起,这些方法论在政策科学和后经验主义文学中受到了强烈批判。关于运用科学原则指导政策和管理规制的理念可以追溯至 19 世纪 80 年代,改革者开始为了理性和科学在政府内的运用而斗争。[4] 所以,20 世纪初,科学家开始在政府政策规

---

〔1〕 See Harold Lasswell, *A Pre-View of Policy Sciences*, New York: American Elsevier, 1971, pp. 3 – 4; Yehezkel Dror, *Design for Policy Sciences*, New York: American Elsevie, 1971, p. 51.

〔2〕 Peter DeLeon, *Democracy and the Policy Sciences*, Albany: State University of New York Press, 1997, p. 7.

〔3〕 Max Neiman & Stephen J. Stambough, "Rational Choice Theory and the Evaluation of Public Policy", 26 *Pol. Studies J.* 449, 450 (1998).

〔4〕 See Edward A. Purcell, Jr., *The Crisis of Democratic Theory: Scientific Naturalism and the Problem of Value*, Lexington: University Press of Kentucky, 1973, pp. 6 – 12; see also Richard Hofstadter, *The Age of Reform*, Vancouver: Vintage Books, 1955, pp. 148 – 162.

划中扮演重要的角色。[1] 在第二次世界大战期间,政府对由研究活动发展的量化工具的成功运用为日后出现的直接以政策为导向的研究的出现提供了支持。

二、经济学理论基础

(一)早期萌芽

从19世纪中后期开始,经济学的文献被法学用来探讨涉及成本收益分析的问题。但是最早从法学角度进行的成本收益分析仅局限于对一些经济学的原则和文献的采纳和吸收,并不是一个专门的研究领域。其被认为是边沁的"实用主义"哲学思想的体现,主要的研究基本上集中在边沁的"实用主义"在政府规制中的探讨以及福利经济学所认为的经济学的概念可以直接被用来证明政府政策实施的合理化上;这个阶段的福利经济学想通过1950年的绿皮书进入监管计划,试图阐明成本收益分析是一般性原则。[2] 成本收益分析这个表述,在法学领域最早可以追溯到1902年美国《河流和港口法案》。[3] 该法案要求,美国陆军工程兵团通过考虑商业上的成本与收益来评估项目。[4] 到20世纪20年代,它要求申请批准的项目的收益得超过成本。[5] 成本收益分析方法主要经历了三个阶段的发展:第一个阶段是19世纪20年代出现的"进步主义"政治运动。进步主义者主张政府的政策和管理技术,应以科学原则为指导。第二个阶段是20世纪

[1] See Barry D. Karl, "Mr. Hoover's Experts, in Ⅲ Perspectives in American History", Donald Fleming & Bernard Bailyn eds., *Presidential Planning and Social Science Research*, 1969, pp. 347, 350.

[2] See, Jeremy Bentham, *An Introduction to the Principles of Morals and Legislation* 2, J. H. Burns & H. L. A. Hart eds., 1970.

[3] See River and Harbor Act of 1902 § 3, 33 U. S. C. § 541(2000).

[4] See A. R. Prest & R. Prest & Turvey, "Cost-Benefit Analysis: A Survey", 75 *ECON. J.* 683, 684(1965). 美国1902年之后,水利工程必须在该兵团内部成立的"河流与海港工程委员会"确认为有经济效益后才可实施。该兵团对于项目并非未经审查就盖章通过:它否定了超过半数的项目,通常理由都是经济上不具有可行性。

[5] See Theodore M. Porter, "Trust in Numbers: The Pursuit of Objectivity in Science and Public Life", *Canadian Journal of Sociology*, 1995, pp. 187, 153.

30年代的罗斯福新政。1936年提出运用该分析工具,在美国《水灾防范法案》中要求政府机构在采取水灾防御措施时,应权衡其成本和收益。[1] 第三个阶段得益于福利经济的兴起和发展。它提供了一系列的经济原则和经济理念,试图为政策的实施服务,使其合理化。[2]

在20世纪六七十年代,成本收益分析被誉为公共利益时代的规制性要求,并被称为20世纪80年代之前,成本收益分析的最后一个时期的发展。[3] 公共利益时代的出现,使行政规制从单纯的经济规制向消除一系列社会问题的社会规制过渡,这个时期也可以被称为社会性规制的雏形期。理查德·波斯纳(Richard A. Posner,以下简称波斯纳)对成本收益分析引入法学研究领域作出的奠基性的卓越贡献,最早可以追溯到1969年他还在斯坦福大学法学院担任副教授期间的一篇文章《自然垄断与其规制》,[4]这篇文章是成本收益分析研究方法运用于法学研究领域的典型代表,也是成本收益最早作为法学术语出现的时间,在这篇文章中,波斯纳试图论证的就是自然垄断是否为行政规制提供了充分且正当的理由。1969年美国《国家环境政策法案》[5]中提到在作环境决策过程中要采用成本收益分析研究方法,就是受了这篇文章观点的影响。该法案规定相关机构在提交项目计划书的同时应该附上环境影响评价书。

公共利益时代关于公共利益和成本收益之间的平衡问题的争论,以及

---

〔1〕 See Ajit K. Dasgupta & D. W. Pearce, *Cost-Benefit Analysis: Theory and Practice*, London & Basingstoke: Macmillan Books, 1972, pp. 12 - 13.

〔2〕 See Robert H. Nelson, "The Economics Profession and the Making of Public Policy", 25 *J. Econ. Literature* 49, 52 - 54(1987).

〔3〕 有的学者将成本收益分析的发展分为19世纪末的进步主义的发展、20世纪30年代罗斯福加强规制的发展和福利经济学的发展。福利经济学的发展弥补了边沁的不足,为了公共利益而要求的规制应运而生,因此,福利经济学时代也被称为公共利益时代。See Robert L. Rabin, "Legitimacy Discretion, and the Concept of Rights", 92 *Yale Law Journal*, pp. 1174, 1175(1983).

〔4〕 See Richard A. Posner, "Natural Monopoly and its Regulation", 21 *STAN. L. Rev.* 548 (1969).

〔5〕 See National Environmental Policy Act of 1969, Pub. L. No. 91 - 190, § 102(c), 83 Stat. 852, 853(1970).

政治和行政关系的发展,导致了学术研究在20世纪70年代出现了一个研究范式的转型。这个转型应该依托于一个经典的事件,即耶鲁大学资深法学与政治学教授布鲁斯·阿克曼(Bruce Ackerman,以下简称阿克曼)等学者在学术上对特拉华河流域委员会的行动所作出的回应。[1]

阿克曼的回应是对之前成本收益分析研究方法的突破,之所以说是突破,原因在于这些学者在这个时期诠释了成本收益分析在法学研究领域研究范式的转变,这个转变彻底打破了成本收益分析前期的准备工作对法学专家的全方位封锁,并构建了全方位学科融合的成本收益分析模型。阿克曼的团队还提出,将成本收益分析的法学研究用于评价行政机关工作情况,将更多的注意力放在行政过程中,可以发挥更大的作用。[2] 令人遗憾的是,这个时期阿克曼的团队关注的是成本收益分析的假设性运用,而不是实际效果的运用。

20世纪70年代,激进派主张加强规制与保守派要求放松规制的争论在两个引证率很高的经典判决中体现了出来:一个是1971年哥伦比亚巡回法院审理的卡尔夫特·克里弗斯协调委员会诉原子能委员会案,[3] 另

---

〔1〕 以两篇文章为代表:第一篇是引起当时美国全国关注的《对特拉华河流科学事实的发现和理性决策》,这篇文章直接关注的是模型输入信息的可靠性及其影响,并提出了成本收益分析本身的制度问题。See Bruce Ackerman& James Sawyer,"The Uncertain Search for Environmental Policy: Scientific Factfinding and Rational Decision making Along the Delaware River",120 *U. PA. L. Rev*. 419 (1972).

第二篇文章是《特拉华河流控制污染的成本收益分析》,这篇文章直接批判了特拉华州河口综合调查报告中的成本收益分析对理性决策的影响,并促使了经济学家和法学家在成本收益分析中相互影响与知识融合,必须双方共同参与才能真正发挥成本收益分析在项目评估中的作用。See Susan Rose Ackerman,"The Uncertain Search for Environmental Policy: The Cost and Benefits of Controlling Pollution Along the Delaware River",121 *U. PA. L. Rev*. 1225(1973).

〔2〕 See Bruce Ackerman & James Sawyer,"The Uncertain Search for Environmental Policy: Scientific Fact finding and Rational Decision making Along the Delaware River",120 *U. PA. L. Rev*. 419 (1972).

〔3〕 Calvert Cliffs' Coordinating Comm. , Inc. vs. U. S. Atomic Energy Comm. , 449 F. 2d 1109 (D. C. Cir. 1971),该案中法院已经明确,美国《国家环境政策法案》中要求以一定的程序设计来保障相关的环境价值和秩序是需要在决策原则中得到确认的。

一个是1972年第八巡回法院的环境保护基金会诉美国陆军工兵部队案,[1]这实际上是针对环境影响评价中的成本收益分析要素的争论,然而《环境政策的不确定性调查》[2]是这个时期学术争论中优势理论的代表作。需要明确的是,此时成本收益分析还没有得到真正的确立,其在法学界的运用尚未成熟,只是很好地被阐释并被更多的人理解了。[3] 20世纪六七十年代,成本收益分析理论发展极缓慢,部分研究散见于部分著作和偶尔提到它的文章中。[4] 经过激进派与保守派关于规制理论的争论过程,成本收益分析作为专门的行政规制方面的行政法术语的地位已经逐步得到了确立。

(二)巩固发展阶段

从美国12991号行政命令的出台到2008年奥巴马接任美国总统的这段时间,是成本收益分析在美国行政法上确立与巩固的阶段。

首先,12991号行政命令有以下两个层面的要求:第一个层面,是要求政府对制定的行政规则及规制行为本身进行相应的“规制影响分析”,提交规制分析报告,但没有规定对命令的执行后果进行分析与评价;第二个层面,是除非规制行为对于社会产生的潜在收益大于付出的潜在成本,能够导致社会福利最大化;否则,该项行为将不被执行。[5] 12291号行政命令是一个大胆的创新,其正式将成本收益分析这样一个带有浓厚经济学色彩的决策分析工具引入行政法领域。自此之后,政府需要依据行政行为收益高于成本为其规制措施提供正当性支撑。12991号行政命令的出台标志成

---

〔1〕 Envtl. Def. Fund, Inc. v. Corps of Eng'rs of U. S. Army, 470 F. 2d 289 (8th Cir. 1972).

〔2〕 See Bruce Ackerman & James Sawyer, "The Uncertain Search for Environmental Policy: Scientific Fact finding and Rational Decision making Along the Delaware River", 120 *U. PA. L. Rev.* 419 (1972).

〔3〕 See Susan Rose Ackerman, "The Uncertain Search for Environmental Policy: The Cost and Benefits of Controlling Pollution Along the Delaware River", 121 *U. PA. L. Rev.* 1225 (1973).

〔4〕 See Richard A. Posner, "Natural Monopoly and its Regulation", 21 *STAN. L. Rev.* 548 (1969). A. R. Prest & R. Prest & Turvey, "Cost-Benefit Analysis: A Survey", 75 *ECON. J.* 683, 684 (1965), ect.

〔5〕 See Exec. Order No. 12291, 46 Fed. Reg. 13 193 (Feb. 17, 1981).

本收益分析在美国行政法中正式确立。[1]

1993 年 12866 号行政命令取代 12991 号行政命令,确认了成本收益分析在行政规制领域的地位。它有两个层面的意义:第一个层面,相比 12291 号,该行政命令并不片面地追求收益超过成本,而是强调其在政策选择方面的工具性价值,以保证决策的正当性。第二个层面,该行政命令更加关注那些难以量化的收益和成本,包括公共健康、安全、潜在的环境影响等,而且它在引入效率的基础上,强调分配的公平。[2] 可见,自 12291 号行政命令之后,十几年的实践经验和激烈争论,也给决策者提供了完善该工具的方向和对策。尽管该分析工具无论在技术还是理论层面仍争议较多,但 12866 号行政命令的完善已经对一些挑战作出了回应,并尽力提供更多的正当性支持。

其次,一些早期的具有不同形式的成本收益分析要求的法案颁布,例如,美国 1969 年《国家环境政策法案》规定,在作行政决策时采用成本收益分析;[3]美国 1972 年《联邦水污染控制法案》要求,以限制技术使用为目的的限制性成本收益分析,条件是只有成本和收益完全不成比例时才适用;[4]1976 年通过的美国《有毒物质控制法》授权了环境保护署对危害公众健康和安全的"不合理危险"的物质进行规制,并考虑规制的成本与收益。[5] 1990 年前后,立法机构做了诸多尝试,试图从立法上推行成本收益分析。[6] 紧接着,美国 1995 年《风险评估和成本收益法案》获得通

---

[1] See Matthew D. Adler & Eric A. Posner, "Rethinking Cost-Benefit Analysis", 109 *YALE L. J.* 165, 167 (1999).

[2] See Executive Order Number 12,866, 58 Fed. Reg. 51,735 (Sept. 30, 1993).

[3] See National Environmental Policy Act of 1969, Pub. L. No. 91 – 190, § 102 (c), 83 Stat. 852, 853 (1970).

[4] See Federal Water Pollution Control Act Amendments of 1972, 86 Stat. 816 (1972).

[5] Toxic Substances Control Act, Pub. L. No. 94 – 469, 90 Stat. 2020 (1976), or 15 U. S. C § 2601 (2000).

[6] See Alexander Nathan Hecht, "Administrative Process in an Information Age: The Transformation of Agency Action Under the Data Quality Act", 31 *J. Legis.* 233, 247 (2005).

过。[1] 参议院1995年有意推行美国《全面监管改革法案》,要求规制机构在通过任何行政规定前都要进行成本收益分析。这个时期,立法试图推进成本收益分析在立法上的确立,但最终以一票之差,该法案没能通过。[2] 作为美国第一个实体性法律的1996年《安全饮用水修正案》,强制要求关于饮用水的主要规则都要运用成本收益分析。[3] 美国《小企业强制监管公平法案》要求有关机构要评估所有重要规则对小企业的影响。[4] 上述立法以成文立法的形式确定了成本收益分析的地位和作用。

最后,这段时期的法学研究的注意力主要集中在规制国家的规范性研究上。支持成本收益分析并奠定成本收益分析理论基础的代表性学者包括戴沃(Diver)、波斯纳、桑斯坦(Sunstain)、阿德勒(Adler)。他们一致的观点是,在处理实体问题及一个理性的决策者在作出决策时,成本收益分析是决策者考虑所有因素最有效的方法,它可以弥补决策者在认知上的缺陷,并且可以加大公众参与的机会来促进民主决策,进而优化资源的配置。

这个时期,成本收益分析也被称为边沁"实用主义"的继承人,并将现代的成本收益分析界定为三个政治和方法论上的发展。[5] 1981年之前和之后,成本收益分析在一些重要的书籍中的重视程度也是不同的,例如,波斯纳主编的《法律经济学》在1981年之前的两版中对成本收益分析只作了基本性的描述,没有单独编入成本收益分析,在1986年的版本中就赫然加

---

〔1〕 The Risk Assessment and Cost-Benefit Act of 1995, H. R. 1022, 104th Cong. (1995).

〔2〕 S. 343, 104th Cong. (1995).

〔3〕 42 U. S. C. § 3oog - I(b)(3)(2000).

〔4〕 Pub. L. No. 104 - 121, 110 Stat. 857 (1996). See Cornelius M. Kerwin, Scott R. Furlong, *Rulemaking: How Government Agencies Write Law and Make Policy*, CQ Press, pp. 62 - 63, 151 - 152 (2003).

〔5〕 See Mattew D. Adler & Eric A. Posner, "Rethinking Cost-Benefit Analysis", 109 *YALE L. J.* 169 (1999).

入了成本收益分析;[1]一些著名的行政法教科书也只是在1981年之后的版本中才在索引中加入了成本收益分析作为行政规制的模式之一。[2]

戴沃1981年发表在《哈佛法律评论》上的文章《政策制定在行政法中的范式》认为,成本收益分析是一种综合理性,是一种更大意义上的行政法决策范式,可以满足决策者考虑每项政策选择结果的要求。这篇文章既在政治学的层面探讨了成本收益分析对行政决策的重要意义,也在行政法的层面探讨了成本收益分析本身的正当性及其能满足法律制度性要求,这对成本收益分析在行政法中的理论体系化具有里程碑的作用。[3] 1999年,芝加哥大学法学院举办了主题为“成本收益分析——从法律、经济和哲学的视角”(Cost-Benefit Analysis:Legal,Economic,and Philosophical Perspectives)的学术会议。波斯纳针对与会者提交的论文集中作出了评论,形成了《成本收益分析:定义、正当性、对学术会议论文的评价》[4]一文。作为实用主义的代表,波斯纳文中主要关注的是成本收益分析的实用价值。他的立场是,成本收益分析作为一个分析工具,只要能够为政府规制提供充足的信息,为决策提供便利服务,就证明了它的正当性。而这一立场的前提是对成本收益分析要有准确的定位,即它不是确定决策的唯一标准,而只是辅助性工具。基于这一认识,作者回应了批判者在哲学和道德层面对该分析工具过分的规范性追求。这一时期,阿德勒和波斯纳等学者,在《芝加哥法律评论》(*Chicago Law Review*)等法学期刊发表了大量的文章,为成本收益分析奠定了法学理论基础。阿德勒在《成本收益分析的再思考》这篇文章

---

〔1〕 See Richard A. Posner, *Economic Analysis of Law*, New York: Aspen Publishers, 1973, p. 401; Richard A. Posner, *Economic Analysis of Law*, 2nd ed., New York: Aspen Publishers, 1977, p. 560; Richard A. Posner, *Economic Analysis of Law*, 3rd ed., New York: Aspen Publishers, 1986, p. 656.

〔2〕 See Walter Gellhorn, Clark Byse & Peter L. Strauss, *Administrative Law Cases and Comments*, 8th ed., New York: Foundation Press, 1987, p. 1298.

〔3〕 See Colin S. Diver, "Policymaking Paradigms in Administrative Law", 95 *HARV. L. Rev.* 393, 409 (1981).

〔4〕 See Richard A. Posner, "Cost-benefit Analysis: Definition, Justification and Comment on Conference Papers", 29 *J. Legal Stud.* 1153 (2000).

中,针对传统上对成本收益分析的批判和错误理解作出了回应,主张政府应调整对成本收益分析的理解,从传统道德标准的桎梏中脱离出来,对该分析方法重新定位,使其成为一个实现决策合理化的工具。另外,作者还从替代性工具比较的视角,认为成本收益分析拥有无可比拟的优势,从而为该工具的推行提供了强有力的支持。[1]

凯斯·桑斯坦(Cass R. Sunstein,以下简称桑斯坦)成为近代美国行政法成本收益分析研究中最有影响力的学者。他在深入探讨了 12991 号行政命令之后,研究了行政机关对成本收益的制度建构和权力来源问题、实施能力问题、独立的法律问题及在国会没有授权的情况下,行政机关是否能够合理使用成本收益分析从而作出规制决策等问题。[2] 桑斯坦的代表作《成本收益国家》直接指出,行政规制正在不断被要求通过成本收益的分析方法去证明规制的正当性。[3]

(三)对成本收益分析引入行政法的批判

成本收益分析这种兼具多学科色彩的方法受到了很强烈的学术批判。抨击主要集中在技术层面、道德层面、法律层面。观点主要包括:第一,成本收益分析只有在被准确运用的时候才能得出正确的结论,稍有偏差,就不可用;第二,成本收益分析导致道德上的不正当性;第三,成本收益分析采用的是功利主义的理论。

1. 技术层面的批判

首先,涉及不确定因素的量化问题。在评估政府的规制措施时,往往需要用量化(货币化)的方式,对规制所可能带来的结果进行对比分析。对

---

[1] See Matthew D. Adler and Eric A. Posner,"Rethinking Cost-Benefit Analysis",109 *Yale L. J.* 165(1999).

[2] See Cass R. Sunstein,"Cost-Benefit Analysis and the Separation of Powers",23 *ARIZ. L. Rev.* 1267(1981); Symposium,"Cost-Benefit Analysis and Agency Decision-Making: An Analysis of Executive Order No. 12",291,23 *ARIZ. L. Rev.* 1195(1981).

[3] Cass R. Sunstein, *The Cost-Benefit State: The Future of Regulatory Protection*, American Bar Association Publisher, ix(2003).

于决策者来说,定量分析比起定性分析可以更直观地比较不同的替代性方案;对于公众来说,可以更清楚地了解政府决策的依据。但定量分析不可避免会遇到一个障碍,即定量对象的不确定。

这种不确定性源于两个方面。一方面,生命、健康、安宁、对美景的享受等,这类价值不像在市场上流通的消费品,没有一个可以估量的市场价值。任何一种赋值都是主观上的臆测,或者为了避免不确定性,决策者干脆忽略对这些价值的考虑,硬生生地牺牲部分人的合法权益。另一方面,价值的多样性加大了价值衡量的难度。在经济学上,特别是环境经济学和生态经济学,价值包括使用价值和非使用价值。使用价值的确定往往容易从市场获得,但非使用价值,如存在价值、分享价值、选择价值则难以量化。人类认识的有限性往往容易将很多重要的价值扼杀在摇篮里。

其次,涉及信息搜集和数据的分析。如上面所提到的,很多价值无法明确地进行货币化,它们不像科学研究可以从实验室里获得数据。或者由于时间和资源有限,获取数据的成本甚高。信息的不充分必然导致决策的片面,达不到规制的效果。例如,美国环保署在对水资源的砷含量进行规制时,为了评估砷对降低非致命膀胱癌的影响,竟然直接挪用了在此 10 年前砷对慢性支气管炎的危害的研究数据。这种"移花接木"的做法,体现了政府适用成本收益分析的草率。同时,也可以看到,这一例子除在说明信息充分对政策评估的重要性之外,还体现了成本收益分析本身对信息公开和政府工作透明度有很高的要求。也就是说,除非美国环保署有充分理由说服人们这二者有密切的关系,否则将违法。[1]

最后,涉及偏好选择。之所以强调政府规制,一个重要的原因是纠正市场的失灵。如果决策失败,就会出现监管失灵,不仅纠正不了市场的偏差,反而会使偏差变本加厉。即使可以确定规制的所有影响因素,有充分

---

〔1〕 See EPA, "Arsenic in Drinking Water Rule: Economic Analysis", 5 – 24 (2000). https://www.publichealth.columbia.edu/public-health-now/news/arsenic-exposure-public-drinking-water-declines-following-epa-regulations.

的信息作为基础,如何合理选择价值估算的方法又是一大难题。如涉及环境影响的评估,通常会考量为改善环境的支付意愿或忍受环境污染接受补偿的意愿。这就涉及评估人们的偏好问题。究竟是通过显示偏好价值评估,还是通过意愿调查价值评估;如何设计调查问卷;如何保证被调查者对相关问题充分知悉,防止信息的偏差等技术性的问题,都在很大程度上影响了结论的准确性。

2. 道德层面的批判

首先,基本权利不可量化,不能剥夺。如果说从长远来看,技术缺陷可以解决,它只是时间的问题。这个时期,对成本收益分析的批判中,争议最大的莫过于其道德方面的缺陷。一项行政规制可以挽救价值500万美元的生命,这意味着什么?这意味着认为生命权像商品一样可以自由买卖。这是很多学者对成本收益分析一致的批判。生命、自由、对幸福的追求,是不可剥夺且不能量化的权利。如果对其进行明码标价,等于承认生命可以让渡。生命是无价的,成本收益分析方法这一货币化的方式,违背了对基本权利的保护,在道德上是站不住脚的。

其次,涉及代际公平。在成本收益分析的反对声中,后代利益的捍卫者颇具代表性。在他们看来,成本收益分析在道德上缺乏正当性,是以牺牲后代的合法权益来成全现代人的追求。在成本收益分析中,为解决时间偏好问题,经常利用利率或叫折现率,对后代的成本和收益进行折现。评论家们长期以来的主张——将后代的成本收益折现是不现实的,因为我们必须像重视自己一样重视后代的利益。[1] 如阿克曼和翰恩泽尔灵(Heinzerling)提道"使用折现的方法使我们仅关注短期内的项目,而不去注意阻止那些可能带来全球性灾难的项目"。[2] 另外,折现率的选择问题

---

〔1〕 See, Derek Parfit, "An Attack on the Social Discount Rate", *in Values and Public Policy*, Claudia Mills ed., (1992).

〔2〕 See Frank Ackerman & Lisa Heinzerling, "Pricing the Priceless: Cost-Benefit Analysis of Environmental Protection", 150 *U. Pa. L. Rev.* 1553 (2002).

也饱受争议,尚未出现一个有说服力的标准。它既涉及道德问题,又涉及数学问题,对成本收益分析的结果有重大影响。桑斯坦则认为:“规制机构选择2%还是10%的折现率,对收益的计算影响甚大。以10%为例,如果一个生命以800万美元计算,那么100年后的生命折算到今天仅值581美元。”[1]代际公平的主张实质上是对代际产权的捍卫,特别是在成本收益分析得到广泛运用的资源和环境领域。除当代人对环境和资源产权有诉求之外,后代人同样有相同的权利。这对政府的决策提出了更多的责任和要求。政府不仅要扮演好现代公众的代理人角色,同样也不能剥夺后代人对资源和环境享有的平等权利。在现有的技术和方法下,完全抛弃代际折现是不现实的,尽管它有无法克服的道德缺陷。因此,只能退而求其次选择“次优”方案,例如,确定一个更合理的低折现率。

3. 法律层面的批判

法律层面的批判主要指向分配正义。成本收益分析以“卡尔多—希克斯标准”作为主流标准。这一标准饱受争议之处在于其规范性的缺陷,即忽视分配正义问题。该标准认为,每一美元对每个人的价值是一样的。这与传统经济学的理论相悖,即收益的边际效用(或者超边际效用)对于富人和穷人是不一样的。通常财富越多,边际效用就越低。因此,在“卡尔多—希克斯标准”下,运用支付意愿评估有关收益和成本时,富人支付能力较强,可以随心所欲地追求其利益,有时即使为了获取很小的优势也愿意支付。但对穷人来说,可能就得忍受其原有的优势被剥夺,承担较多的负担。行政机关运用成本收益分析方法,应考虑项目的分配效果。实际上成本收益分析在评估整体福利时,没有通过数据体现公平,反而在某种程度上以提高社会的总体福利作为幌子,牺牲弱势群体的利益。

---

[1] See Cass R. Sunstein, “Cost-benefit Default Principles”, 99 *Mich. L Rev.* 1651, 1711(2001).

阿德勒和波斯纳在《成本收益分析的再思考》中对质疑成本收益分析的观点予以有效的批驳。首先,成本收益是决策机制,而不是道德标准;其次,当需要得出准确结论时,规制机构随时可以选择不适用成本收益分析;最后,成本收益分析在法律与政治理论方面保持高度的一致性,都是希望政府去关注全体公民的集体幸福。[1]

三、社科法学的理论基础

成本收益分析从开始的探索解决市场失灵、政府失灵等复杂问题的方法,发展成对政府介入市场的正当性的论证方法、政府重大行政决策的方法、政府优化营商环境和放松管制的科学依据。2008 年,成本收益分析迎来了作为社科法学的黄金时代。

2009 年,美国 13258 号和 13422 号行政命令被废除,12866 号行政命令被恢复,2011 年 13563 号行政命令发布,重新确认了 12866 号行政命令的基本框架和内容,强调政府监管应当满足一个标准,即监管所带来的收益能够为其引起的成本提供正当性说明。另外,在此基础上,13563 号行政命令增加了对经济、环境、社会、安全等的影响评估和分析。它强调信息的有效披露、公众的参与和监督、监管措施的科学灵活。该行政命令最大的创新是对回顾性分析的规定,考虑成本收益分析在偏好调查、折现率选择、结果预测方面有难以避免或者至少目前尚未克服的不确定性,为了提高分析结果的准确性,使其更好地为决策服务,13563 号行政命令规定了这样一种事后的"纠偏"机制。通过对重要的规章进行定期审核,结合社会发展的现实需求,对不合时宜或有重大缺陷的规则,要么修正要么废除。

2012 年 5 月新的 13610 号行政命令《识别和减少规制负担》对行政机

---

〔1〕 See Matthew D. Adler & Eric A. Posner, "Rethinking Cost-Benefit Analysis", 109 *YALE L. J.* 167 – 168(1999).

关进行成分收益分析加以更深入的规定和强化的要求。强调以回顾性分析作为核心机制,降低规制措施的成本和负担。通过周期性的审核,及时清除重复或效率低下的规制措施,简化规制程序,节约规制成本,该行政命令特别提到减少小企业的负担。同时该行政命令通过回顾性分析,对规制效果进行反思,使决策者对不同的措施有更好的理解,从而更有效地分配有限的公共资源,确定行动的优先次序。

具有一定意义上的回应批判性问题的一篇文章是桑斯坦在 2014 年发表在《哥伦比亚法律评论》上的文章《现实世界中的成本收益分析:36 个问题和尽力解答》,这篇文章总结了他在信息规制委员会期间所遇到的成本收益分析的 7 大主题下的 36 个问题及回应,这 7 大主题包括死亡风险的统计评估、辅助收益和风险权衡、无法具体确定收益或成本时的界定范围、无法量化的收益、净收益(比成本收益率更加重要)、折现率、气候变化(尤指会引起特殊事件的气候变化)。之所以说这篇文章具有定分止争的历史意义,原因在于:第一,2014 年,桑斯坦在担任了 4 年信息规制委员会主任之后,将他在实务中面对的现实问题给出了一一的回应;第二,他肯定了成本收益分析报告是政府决策参考决策的权威文件,并已经经过长期的实践形成了政府的行政惯例,是准成文法和准普通法的结合;第三,政治因素不会影响成本收益分析依靠专业分析与科学数据的技术性特征及其普遍的适用。[1]

在这个时期,成本收益分析已经成长为一个集法律分析、经济分析、科学分析、政治分析、心理分析等于一体的跨学科、多元的分析方法。同时,世界贸易组织管辖的两项多边贸易协议:一是《技术性贸易壁垒协议》(Agreement on Technical Barriers to Trade,以下简称《TBT 协议》);二是《卫生与植物检疫措施协议》(Agreement of Sanitary and Phytosanitary

[1] See Cass R. Sunstein: "The Real World of Cost-Benefit Analysis: Thirty-six Questions (and almost as many answers)", 114 *Colum. L. Rev.* 167 (2014).

Measures，以下简称《SPS 协议》）中的必要性测试，适用的是成本收益分析的逻辑思路。长期的监管范围扩张、监管成本上升给经济带来越来越大的监管成本负担。13771 号行政命令制定了放松规制程序，旨在减轻经济的政府规制负担。2017 年和 2018 年，去监管化行动是新监管行动的数倍。数据显示，从 2000 年到 2016 年，监管成本每年增长 82 亿美元。2018 年，《经济增长、放松监管和消费者保护法案》是对 2010 年通过的金融监管法案《多德 - 弗兰克法案》进行的首次重大调整。2017 年和 2018 年，去监管化的行动节省的成本超过了新监管行动的成本；2017 年，有 15 项重大去监管化行动和 3 项新的重大监管行动，节省了 81 亿美元的监管成本（以净现值计）；2018 年，有 57 项重大去监管化行动和 14 项新的重大监管行动，这些行动不仅没有增加监管成本，反而节省了 230 亿美元。[1]

2017 年、2018 年以及 2019 年采取的放松规制行动旨在克服联邦规则制定通告和评论程序中固有的惯性的弊端。同时，要求放松规制的行动必须接受与新的监管行动同样严格的成本收益分析，这有助于确保放松规制不会走得太远。

然而，对成本收益分析的批判依然不绝于耳，理论界与实务界仍然对机会成本和支付意愿两个需要进一步阐释的概念存有疑虑。成本收益分析发展到现在，已经被称为一场革命，这场革命结束了理论问题在政策制定过程中无休止的争论。[2] 并且，成本收益分析研究的深入与广度不断提升，逻辑思路已经深入行政法的传统领域，例如，司法审查的论证逻辑[3]

---

〔1〕 See Deregulation: Reducing the Burden of Regulatory Costs. Economic Report of the President, 2019, APA 6th ed. (2019). 77 - 138.

〔2〕 See Cass R. Sunstein, *The cost-benefit revolution*, Cambridge: MIT Press (2018).

〔3〕 See Cass R. Sunstein, Chevron as Law, 107 *Geo. L. J.* 1613 (2019).

和行政裁量合理性的判断[1]等。

就理论层面而言,成本收益分析以法学家为主导,结合经济学、社会学、哲学、心理学等学科共同建立的以解决问题为导向的方法,以定量分析与定性分析相结合为特点,开启行政法学的科学性,同时对行政法学方法论的革新产生了积极的推动作用。就制度层面而言,成本收益分析的发展过程中所面临的真实问题,很多与政府所面临的制度难题类似,如行政决策的法治化、放松规制及绩效政府改革等制度构建问题。更重要的是,以成本收益分析为代表的行政法原则已经运用于国际法层面,如环境、安全、金融监管、国际贸易等领域,主要针对技术性国际规则和各国政府采取的政策措施的合理性问题的判断上。

四、实证主义的理论基础

理性的选择方法是在社会科学中被广泛采纳的方法。例如,现代经济学、政治学、社会学和其他社会科学的创始者,通过抓住早先的社会科学家未能实现对科学方法的运用,来解释他们前辈的未竟事业。实证主义者认为知识的产生与累积应该与研究者的偏好无关,强调事实与价值相分离和知识可复制性,才能达到具有客观性的目标。

科学客观性的概念影响了社会科学家,使他们将被观察的现象视为一系列分离和独立的单元来对待。量化研究成为社会科学的标志,因为可以通过系统化、具有明显客观性的方式对现象进行观察。同时,社会科学家将注意力集中于人类行为上,因为行为本身就是一个实用的概念。作为外化于观察者思想的容易识别的现象,它是客观的。因此,社会科学的客观性在于依赖"可以在实验对象中被陈述的证据,可以被客观地确定的真实

---

[1] 在2015年著名的密歇根诉环境保护署案件中,对环境保护署未将成本纳入作为"相关因素"(relevant factor)考量之行为不认同,美国联邦最高法院改判,原因是环境保护署在规制发电厂排放时将成本作为"不相关因素"考量是不合理的。See 135 S. Ct. 2699(2015).

或虚假”的通过使用统计学的量化技术。[1] 在社会科学领域采用实证主义，也提供了非认识论的结果。社会科学家试图将他们的结论以科学化为特征，来为他们的立场进行辩解和保护。[2] 这对于基础具有政治上的重要意义，这些基础是用来支持社会科学研究的，从而表明他们的努力结果是中立和无偏见的。[3] 最终，社会科学家试图将他们的事业同政治影响和政治压力相分离。对导致第二次世界大战的事件的回应，卡尔·波普尔(Karl Popper)坚决主张开放的社会，在这个社会中，政府的政策是通过讨论得出的，这些讨论是通过科学实验而得到的，并以重要和合理的信息为基础进行的。[4] 波普尔坚信不断的测验和对理念的评论对于挫败那些探寻在激情、思想、权力和暴力的基础上的政治权力的人们的努力是有必要的。[5] 关于在政策科学中，对以经验为基础的理性的决策方法的投入的批评始于20世纪60年代至70年代。

社会科学家在大社会时代的投入是如此的巨大，以至于当时的记者怀特(White)把他们描述成推动大社会时代的车轮。社会科学家不仅为计划提供主意，他们也发展了政策评估的方法。这些有追溯力的评价方法几乎没有发现任何证据表明政府的计划成功缓和了社会问题。政策知识没有必然地取代政治学变得十分明确了，各利益团体和政府部门试图通过运用政策知识来增进自身利益也变得十分明确。

五、后经验主义的理论基础

许多社会科学家开始怀疑以经验为基础的理性决策方法在理解或解决公共政策争议时的效用。后经验主义学者对理性选择方法提出了一个更为深入，甚至更为基本的挑战。科学是对现实客观的描述，因为所有的

---

[1] David C. Paris & James F. Reynolds, *The Logic of Policy Inquiry*, *Book Review*, 1983, p. 22.

[2] Id.

[3] Id.

[4] Id.

[5] Id. at 25.

知识最终是在社会中形成的。社会学的研究表明一个学术学科是一种实践,该实践是社会建构的,由学者团体使用的论据样式构成。科学正如其他知识的形式一样,是由语言来表达的。作为论据的样式,科学实践必然地嵌入了文化和语言中,并且研究结果也必然地受到文化界限的限制。基于这些思考,后经验主义学者又由于受科学现实的理念影响,他们不同意社会结构的含义。因此,一部分后经验主义学者认为,以经验为基础的观察数据仅证实了科学证据与被用来得出该结果的理论的一致性,却没有方法证明该理论本身是正确的;另一部分后经验主义学者则主张,将科学理解为现实的发现与构造的混合更为准确,[1]即使一个可行的理论也有可能在后来被证明是错误的,支持那些表现出具有"长期的生命力的"理论是站得住脚的。后经验主义者进一步揭示理性选择学者缺乏方法来证实他们方法的客观性,因为他们的方法本身也不是中立的。以德博拉·斯通(Deborah Stone)为代表的理性选择学者利用特有的社会福利概念,认为在理性选择的方法中,社会是自治理性决策者的集合体,他们没有社会生活,通过理性计算将他们自身利益最大化,[2]这就使社会福利成了个人偏好的集合体。因此,当政策分析学者使用理性选择方法时,他们就强制地用这种社会的构想来代替其他的社会构想,可以避免在科学结果和现实之间的争论作出选择。实用主义者重视科学不是因为它产生了客观现实的证据,而是因为它对人类进步的贡献。

后经验主义的挑战支持向拉斯韦尔的最初的政策科学的概念回归。特别是后经验主义学者反对在没有基于对公共价值进行讨论的情况下,对公共政策进行评价。正如德博拉·斯通所解释的那样,理性选择方法使我们无法讨论人们是怎样为了公共利益的设想而相争以及社会的本质是什么样的,真正重要的政治问题才是政策选择的根本。分析家们所扮演的角

---

〔1〕 Id. Larry Laudan, Science & Relativism: *Some Key Controversies in the Policy of Science* 64-65(1990).

〔2〕 Deborah Stone, *Policy Paradox: The Art of Political Decisionmaking* 9(1997).

色不应该是在社会概念的最佳构成上,而是应该揭示和阐明引起公共政策争论的价值争论。[1]

后经验主义学者通过使用跨学科的、慎重的、以实际问题为导向的方法,很好地完成了这一任务。作为一个跨学科的进程,与只依靠理性选择方法相比,它可以带来更广范围的证据和论据来支撑一个特殊的问题。通过研究与讨论是什么构成了有效的、针对不同观点和证据所指出的矛盾和差异提出的解释与推测,来实现达到一致的目标。[2] 得出的结果依赖于参与的研究者或分析者的团体判断,不像实证主义那样,没有关于结果与现实相一致的假设,而目标是得出与所考虑的证据、论据和观点最契合的结果。这种方法需要"实际的"原因,因为它对标准的论据都进行了考量,并且根据经过推理的论据的要求,将二者整合为一个整体。[3] 后经验主义政策学者考虑相关解释的观点的幅度和范围,量化研究也因此失去了在研究方法上所享有的特权声明。[4] 尽管量化方法依旧是政策科学一个组成部分,但是合意是通过散乱的具有竞争性的观点的结构出现,而不是通过依赖理性选择假定的测试和复制的进程。[5] 换言之,知识被理解为一系列说明和判断的产物,知识是社会的、专业的、由研究者在特定的时间和地点得出的。大量的不同政策领域的学者采纳了这种后经验主义观点,包括公共管理领域、环境保护领域、政治学领域以及政策学领域的学者。正是由于在分析中包含了如此广泛的观点,增加了可能得出的结论的说服力,更多的学者们受后经验主义的影响,赞成一种新式的、可参与的民主的形式。利用后经验主义的准则学者们得到了一个民主社会的政治、政策决策、管

[1] Deborah Stone, *Policy Paradox: The Art of Political Decisionmaking* 9(1997).

[2] See Marie Danziger, "Policy Analysis Postmodernized: Some Political and Pedagogical Ramifications", 23 *Pol'y Stud. J.* 435, 445 – 47(1995).

[3] Steven J. Burton, "Law As Practical Reason", 62 *S. Cal. L. Rev.* 747, 747(1989).

[4] Frank Fischer, *Beyond Empiricism: Policy Analysis as Deliberative Practice*, *in Deliberative Policy Analysis: Understanding Governments in the Network Society*, Marten Hajer & Hendrik Wagenaar eds., 2003, pp. 209, 218.

[5] Id.

理和政策分析的构想,包含可参与的政策分析的可能性。

政策科学的发展使人们处于一个完整的周期。以量化为基础的中立的、客观的政策科学可以解决政策争议和因此取代政治活动的运行。此外,正如后经验主义文学所揭示的,这是一个堂吉诃德式的追求。因此,后经验主义学者更选择信奉拉斯韦尔所提出的政策分析的方向。如拉斯韦尔所追寻的那样,后经验主义政策科学是包含各种学术的、具有前后关联性的和标准性的以及关注政策科学是怎样成为公民和政府官员之间桥梁的。后经验主义学者不仅意识到他们的领域重新与拉斯韦尔的构想相联系,同样,他们发现在拉斯韦尔的著作中已经有了对于后经验主义学者所关注的社会科学的实践的预知。

第二节 实用主义对科学方法论的评价标准

由于对实证主义和后经验主义文献存在质疑,因此政策科学家沿着最初由拉斯韦尔提出的路线提出了一种改进的方法。作为实用主义者,以下将解释实用主义是如何证明一种分析方法是合理的,并且是如何明确可替代的实用主义方法的必要因素的。实用主义在评估一种方法时必须遵循以下三个原则:首先,该方法的实际运行效果如何;其次,有没有忽略后经验主义;最后,对于一种理性的分析方法,实用主义不以实证主义为前提。

一、分析实际运行效果

实用主义者反对合理性的信仰可以通过涉及形而上学的概念建立起来。相反,如果“一个想法可以引领我们进入一个同世界更加有益的关系中,那么这个想法就是合性的”。[1] 在公共政策领域,当一个理念可以比

---

〔1〕 Louis Menand ed., *Pragmatism:A Reader*, 1997, p. xiv.

现有的信仰和理解更好地解决某一具体的问题时，那么它就是合理的。实用主义者通过批判单纯的调查，认为只有经过人们辩论和深思熟虑过而接受的一种新的或者是改进后的理念才是更好的。[1] 杜威认为，民主程序以模仿科学调查为特征，在这种意义上，公民参与的是对继续进行的、实验性的、持久性的公共秩序构想的追寻。[2]

当这种衡量的标准运用于成本收益分析，它表明改革是必需的。成本收益分析没能达到自身的目标。成本收益分析在规制审查中缺乏准确性，并且它常遭受分析家的政策偏好的操控。尽管所有的努力都用于改善现有的规制影响分析(Regulatory Impact Analysis, RIA)的程序，增加了它的负担和复杂性，并且因此增加了发展安全和健康保护方法的成本，但是没有确切的证据表明，由于人们使用成本收益分析取代其他决策技术会变得更幸福。辩护者主张成本收益分析仍是评价规制政策的有用和具有启发的方法。由于成本收益分析摒弃了矫饰，具有了广泛的合理性，逐步构建了以成本收益分析为核心的规制影响分析程序的最初的目标。[3] 关键要衡量成本收益分析是否比在政策科学文献中提及的可替代的方法更加有益或更有启发。

二、后经验主义必须作为考量因素

正如前面所论述的，后经验主义对实证主义和逻辑经验论提出了重大的质疑，要求人们考虑传统、各种观点以及学术方向的多元化。[4] 因此，后经验主义的评论必须作为考量的因素，实用主义的目标是阐明并且调和产生于这些不同传统、观点和方向的想法。[5] 成本收益分析的分析家们忽略

[1] Louis Menand ed., *Pragmatism: A Reader*, 1997, at 16.

[2] Id. at 16 – 17.

[3] See supra Part III. A. 1.

[4] Gene R. Shreve, "Rhetoric, Pragmatism and the Interdisciplinary Turn in Legal Criticism—A Study of Altruistic Judicial Argument", 46 *Am. J. Comp. L.* 41, 58 (1998).

[5] See supra Parts II. D and II. E.

了这种质疑,以多元化实用主义和比较实证主义为自己的优势。

三、实用主义不以实证主义为前提

实用主义拒绝基于实证主义为成本收益分析方法辩护,因为实证主义并非理性的成本收益分析方法的唯一选择。所以对规制影响分析来说成本收益分析是唯一可行的方法。因为实用主义者认为,为信念找到普遍和确定的基础是不可能的,没有某一学科或文化拥有对知识或真理的特权。[1] 但这并不意味着实用主义者并不重视科学,对于实用主义者来说,科学的价值源于其对社会和人类发展的贡献。

实用主义不是反科学的,因此也在驳斥"实证主义是实施规制影响分析实施的唯一途径"的观点。对实用主义者来说,实证主义或其他方向都不是必须的。此外,笔者不认为实证主义为理性判断提供了唯一的基础,因为实用主义并不给任何一个学科优先的特权,它对其他(非实证主义)合理性的形式及更好的规制影响分析的可能性持开放态度。

第三节 经济学成本收益分析原则的核心特征

基于实用主义的功能定位,行政法中的成本收益分析原则应当具有以下四个核心特征。

一、问题导向性

问题导向性是相对目标导向性的思维方式。目标导向性是在问题产生之前就有确定的目标,是防微杜渐地主动解决问题的思维方式;而问题

---

〔1〕 See Morris Dickstein, " Introduction: Pragmatism Then and Now, in The Revival of Pragmatism: New Essays on Social Thought", Morris Dickstein ed. , *Law and Culture*, 1999 pp. 1, 5. See John Stick, "Can Nihilism Be Pragmatic?", 100 *Harv. L. Rev.* 332, 340(1986).

导向性则是出现问题解决问题，亡羊补牢式的被动解决问题的思维方式。成本收益分析原则基于实用主义的功能定位，不做与问题关联不大或者无关的无用功，解决行政法学中面临的现实中的既有问题所产生的争议，符合法学问题滞后性的特点。坚持问题为导向，不仅是行政法学的方法，更是原则性要求，这样才能及时发现问题、解决问题、不断适应新形势，推进行政法学的创新与发展。

二、规范性

规范性理论是实践哲学的一个重要分支，主要方法是先预设某种价值，从中推演出谁应当实现何种价值，以及如何实现这种价值。[1] 以实用主义为基础的成本收益分析原则可以明确地识别在行政规制与政策决策过程中各种社会价值的作用，因为实用主义的目标是在坚持考虑多重社会价值影响既定问题程度的基础上，找到最大限度容纳冲突价值的可能的解决方案。

三、推论性

科学的推论性依赖于实验数据的定量分析及发展社会目的的价值讨论和逻辑性。成本收益分析原则的推论性是基于实用主义的，一是因为基于这个原则被证明的合理性需要有充分的理由，且其打开了跨学科的、规范主义法学及解构主义法学共同解决争议的大门；二是因为成本收益分析原则基于实用主义原则对可能的替代性方案进行明确的评估并依据收益多于成本的程度，对选项进行排序。成本收益分析原则推论性的构成要件有四个：第一，获得数据的方法的适当性。需要法学家依据数据所来自的不同学科的标准进行评判。任何一个问题的推论都存在大量的数据和复

---

〔1〕 参见[英]约瑟夫·拉兹：《实践理性与规范》，朱学平译，中国法制出版社2011年版，第4页。

杂的论据，信息的可信度和相关联性很难通过标准的方法予以评估，因此，获取数据的方法需要由以法学专家为中心的各个学科学者的分别判断与知识整合。第二，数据的可靠性。在大数据时代，数据是否可靠，取决于什么是足够好的获得数据的技能判断，例如，数据的可靠性可以通过对互联网数据提供商的资质能力及失误历史的审核来判断。第三，推论中使用用来连接数据、信息和分析结论的论据，必须具有说服力和明确性。第四，结论必须是经过了可信度、可行性及可接受性评估程序的。实用主义不要求在复杂问题中通用基础理论与知识理论，所以，尽管某种方法在实证主义意义上是不客观的，但可以通过以正义为追求目标的实用主义推论式分析而排除单纯的个人偏好。

四、透明性

促进政府行为公开透明，是实用主义功能定位下的成本收益分析原则具有的无可取代的优势，它比规制影响分析中的作为信息工具的成本收益分析更加易懂、贴近民众，并且实现了以透明度制衡政府行使权力的目的。主要原因有三个：第一，什么是有损福利的成本及促进福利的收益的计算方法及判断因素是必须要向社会公布的；第二，成本收益分析得出结论的路径及偏好必须向公众说明理由；第三，成本收益分析促使的是全社会规制理性的形成，它在推动政府审慎行政方面具有重要的意义。

第四节　经济学成本收益分析原则引入我国行政法的方法论意义

方法论不同于方法，方法论是对本学科研究方法的产生、演变及其结构特点进行归纳的系统理论，也是判断方法的功能、价值及相互之间关系的逻辑的科学研究。方法论的薄弱会从根本上制约学科分析方法的发展,而方法论的完善,既能更好地利用其他学科的可借鉴的优秀成果,也能逐步实现本科学既有方法向其他学科的转化。学科之间差别的本质是方法论的差别,任何一个学科的进步实际上都是方法论的进步。

行政法学以研究新公共管理所促生的法律现象和法律问题为特征,以某个特定的在历史中逐渐形成的法秩序为基础和界限,进而探求法律问题解决方案的学问。对经济学成本收益分析原则作为行政法学基本原则予以构建,其中最重要的价值就在于方法论变革的进步意义,因为行政法方法论的任何变革都直接与行政法学本体论相关。

一、行政法学移植经济学方法论的可行性

传统行政法学在解决复杂问题的交叉方法、特殊方法及适用方法上均有所缺失。成本收益分析原则包含了打破学科界限的综合而全面的分析,一方面,抽象方法论中的共性问题;另一方面,让技术的作用多于经验,从而增强行政法学方法论在解决既有现实问题时的解释力。在行政法学借鉴其他学科的研究方法方面,成本收益分析并不是创举,如社会调查法、实证分析法、数学方法等,都是通过对其他学科研究方法的借鉴而不断总结出来的。“法学的任务是为人们实际关切的社会问题寻求制度性的解决之道,法律人思维也应直面而非试图绕开这些问题。经济分析是一种可以有效帮助法律人识别和分析法律制度需要处理的实质目标问题的方法。即使在教义学主导法律实践和法学研究的前提下,经济分析的价值也至少可体现为对‘教义学启发式’思维的纠偏。”[1]

20 世纪 80 年代,经济学告别了以往单纯的定性分析,转向了定量分析与定性分析相结合的研究方法,进而开启了经济学在社会科学中的“科学

〔1〕 戴昕:《“教义学启发式”思维的偏误与纠正——以法学中的“自杀研究”为例》,载《法商研究》2018 年第 5 期。

性”。成本收益分析作为经济学中的方法论,以定量分析与定性分析相结合的分析特点,关于如何衡量经济利益形成了很多具有科学性的分析方法,同时在一些具有经济学知识背景的法学专家的推动下,被成功地运用于政府治理中。欧盟、日本等国家和地区不断形成行政规制领域不可或缺的分析方法,继而促使经济学及公共管理学产生新的学科分支,如规制经济学、政府工具学等。本书所言的引入并不是生搬硬套的“拿来主义”,而是应当对成本收益分析理论予以深入地研究,将其与行政法自身的特色与我国的实际情况相结合,进而对成本收益分析原则在行政法中的逻辑结构予以调试并创新,最终形成成熟的、系统化的理论架构。

二、经济学成本收益分析原则开启行政法的“科学性”:定量与定性分析相结合

自马克斯·韦伯提出工具理性与价值理性的理论之后,工具理性的缺失导致行政法学科的“科学性”备受质疑。

(一)明确行政法学的“科学性”的要件

亚里士多德是“科学”概念的奠基者,他将“科学”概括为具有以下四个特性:第一,可证明性,即科学通常以某一类相对独立的事物作为研究对象,并具有可证明的本质;[1]第二,抽象性,即科学研究通常将事物的共性抽象出来;[2]第三,研究对象的恒久存在性,“一切科学都以恒久存在或经常存在的东西为对象,这里绝不包括偶性”;[3]第四,可传授性,“知与不知的区别在于能否传授。因此,技术比经验更接近科学,技术能够传授而经

[1] 参见[古希腊]亚里士多德:《形而上学》,苗力田译,载《亚里士多德全集》(第7卷),中国人民大学出版社1993年版,第86页;[古希腊]亚里士多德:《尼各马科伦理学》,苗力田译,载《亚里士多德全集》(第8卷),中国人民大学出版社1994年版,第123页。

[2] 参见[古希腊]亚里士多德:《形而上学》,苗力田译,载《亚里士多德全集》(第7卷),中国人民大学出版社1993年版,第74页。

[3] 同上书,第255页。

验不能传授”。[1] 基于上述分析我们可以得出的结论是，回应当下行政法学的“科学性”问题是可以证明、可以传授的技术而非经验，人们必须正视且必须突破的问题是，行政法学研究传统中以经验为证明与传授知识的习惯，忽视了技术与工具理性的构建。科学与非科学的方法的根本区分就在于是否可以被证伪。行政法学偏重于经验的定性分析方法更加偏“人文性”而非“科学性”。

（二）定量分析与定性分析相结合在行政法学科学方法论中的意义

“定量分析”和“定性分析”源于化学的分析方法，现已被广泛应用于各个领域，逐渐被社会科学领域借鉴。行政法长期处于法教义学占据主导的定性分析中，虽然在当下学者们已经清醒地认识到定量分析与定性分析相结合的重要性，但对于理论构建及适用问题仍然处于空白的状态，而原有的定性分析的路径依赖在很大程度上排斥定量分析的运用。“对于法律的理性研究，目前还是白纸黑字的研究，但未来必然是统计学家和经济学家的天下。”[2] 定量分析强调对数据进行分析，以精确分析数据为基础、以运用模型分析为手段，强调“统计”与“数字逻辑的表述”。这种研究的特点是，通过对事物可以量化的部分进行测量和分析，以检验研究者自己关于该事物的某些理论假设。因此，定量分析经常以客观分析法自称，被称为科学分析方法的标志。定性分析是一种规范分析，以归纳和演绎为主要的规定性方法，对分析目标得出方向性和结论性的判断。

科学的分析方法不是在定量分析与定性分析之间作选择，而是以强调两者相结合为要件的，这也是行政法学的方法论可以被称为科学方法论的前提。在计算机与网络技术高度发达的大数据与人工智能时代，数据来源的及时性和可靠性均已经在技术上有所保障，行政法的定量分析已成可能。因此，定量分析是行政法学方法论必需的一种形式，具有重要的理论

---

〔1〕 参见[古希腊]亚里士多德：《形而上学》，苗力田译，载《亚里士多德全集》（第7卷），中国人民大学出版社1993年版，第29页。

〔2〕 Holmes Jr.，“The Path of Law”，10 *Harv. L. Rev.* 457，469（1920）[1987].

与现实意义。但是,仅有定量分析是不足够的,发挥人类抽象思维能力的定性分析必须与定量相结合,才能佐证定量分析的意义。

(三)行政法学科学性中的工具理性

行政法学属于科学的范畴,是一门实践性的科学,〔1〕离不开以工具理性为特征的成本收益分析原则。不可否认的是,在我国行政法学的发展历程中,经验多于技术,这个特性决定了行政法学亟须的是“科学化”而不是“形而上学化”。成本收益分析经常被视为一种技术(或者称方法或工具问题),而技术问题常常被法学学者误解,更多的人认为技术层面的问题比理论问题好解决,因而在我国行政法学中,技术、方法、工具性问题长期未被充分重视。

而成本收益分析原则是如何同时兼顾方法、工具和原则之间的关系?成本收益分析常被称为“成本收益分析”或“规制信息工具”,事实上,方法和工具在绝大多数语境下是同义语,正如黑格尔所言,在探索的认识中,方法也同样被列为工具。〔2〕方法是为达到某种目的而采取的途径、步骤、手段等,提供的是问题的解决方案,原则是解决问题所依据的法则或标准。原则本身是理论属性的,理论是我们可以依靠的工具,而不是解答谜团的答案。〔3〕成本收益分析原则,是集技术性和程序性于一体的贯穿行政法始终的基本原则,而这些不仅局限在行政立法中,更应该为行政法的适用提供可遵循与索引的途径。

三、经济学成本收益分析原则对行政法程序的结构性意义:事实和价值问题相分离

程序的结构性意义是各种利益博弈的平台与公共理性切实发挥功能

---

〔1〕 这里需要说明的是,亚里士多德认为,实践的科学与思辨的科学、创制的科学相对应,思辨的科学诸如数学、物理等是以非感性的形式为对象,它们的本质存在于自身之中;而实践的科学和创制的科学是以感性的形式为对象的,它们运动的本源存在于它们之外。参见[古希腊]亚里士多德:《形而上学》,苗力田译,载《亚里士多德全集》(第7卷),中国人民大学出版社1993年版,第253页。

〔2〕 参见[德]黑格尔:《逻辑学》,杨一之译,商务印书馆1976年版,第532页。

〔3〕 参见[美]威廉·詹姆士:《实用主义》,李步楼译,商务印书馆2012年版,第32页。

的场域，传统的行政法学理论研究和实务中对于程序正义的认识通常与形式正义联系在一起，似乎是先做什么后做什么及必须做什么的学问，而作为连接程序正义与实体正义的程序的结构性意义长期被忽视，最直接的后果就是程序正义重要的实质性功能往往得不到彰显，这使我们的程序制度设计无法回应诸如“公共利益”判定与保护等不确定法律问题对行政法的挑战。

在我国行政法学中，程序的结构性意义有两点：一是协调科学性与民主性内在冲突；二是实现事实与价值问题的分离。前者是“科学与民主之争”，是行政法中各种疑难问题产生之根本；后者则是实现协调科学与民主之争的程序性途径所在。“事实命题是关于客观世界中可以观察的事务及其运作方式的陈述，价值命题是关于偏好的表达。”[1]事实问题的判定指向的是“科学性”，依赖专家依据专业判断；价值问题的判断指向的是“民主性”，是以公众为主导的过程，而事实问题与价值问题的判断却各自遵循不同的逻辑，不能混同，也不可互相否定。

程序的本质是以交涉性为特点的过程，程序的重点不在于结果，而在于按照何种方法产生结果。而成本收益分析原则作为一种具有动态博弈特征的程序性原则在行政法中的确立，依据定量分析与定性分析为结果提供信息，它决定的不是结果，而是结果如何产生。在“政府—市场—社会”三元结构中，基于成本收益分析原则所产生的程序性制度、限制性规范，承担起了“公私利益”与价值分离的正当程序，从而推进实质正义的结果。随着我国政治体制改革的深入，政府角色的定位必将在社会功能不断分化的过程中转变，在此过程中，对我国行政法学程序的结构性意义会提出更进一步的要求。

---

〔1〕 丁煌：《西方行政学说史》，武汉大学出版社 2007 年版，第 170 页。

第二章　经济学成本收益分析原则的引入对我国行政法基本原则的功能拓展

第一节　行政法学基本原则内在张力的要求

在法学中,原则是指构成法律规则和法律学说基础和本源的综合性、稳定性原理或准则。[1] 关于什么是行政法的基本原则,理论研究中并无定论。马克思主义理论研究和建设工程教材中的定义是:"行政法的基本原则是指导行政法的制定、执行、遵守以及解决行政争议的基本准则,贯穿于行政立法、行政执法、行政司法和行政法制监督等各个环节。它是对行政法规范的价值和精神实质的高度概括,体现着行政法规范的价值取向和目标,反映现代民主法治国家的宪法精神,规范法与行政之间的关系。"[2] 我国行政法的基本原则基于法教义学的研究,对学术史、功能定位、衍生原则及现实价值进行引介或阐释,也曾力图使这些原则与行政法的现实问题相连接并在实证问题上有所体现,但是在体系与内容安排上,多是建立在秩序行政原理的基础之上,行政法的基本原则多为碎片化、补丁化的功能,对

[1] 参见陈瑞华:《刑事审判原理论》,北京大学出版社 1997 年版,第 120 页。

[2] 应松年主编:《行政法与行政诉讼法学》,高等教育出版社 2017 年版,第 34 页。

于行政法思维方式及规则体系评价方面尚无专论涉及,对基本原则间的整体观察与评判留有极大的空间,体系化与周延的逻辑结构尚需建立。因此,在面临诸如重大行政决策等复杂问题上,行政法基本原则法教义式缺点越来越凸显,严重地阻碍了新的方法、原则及思想融入行政法的基本原则之中,这与我们这个时代对于行政法的开放性与多元化价值的要求背道而驰。

行政法既有基本原则的不周延性及互相冲突,使行政法缺乏深刻的现实解释力,有的学者也提出了对现有行政法基本原则体系的不满,希冀通过"辅助性原则"到公私合作原则,再到其他原则的逻辑顺位,重新建立我国行政法基本原则体系的边界。[1] 然而,这种划分方式会进一步增加行政主体的行政成本,且不能成为解释行政活动合理性的理论标尺,所呈现的是边际效应递减规律,并不可取。也有学者提出行政法的"效能原则",[2] 这与本书所提出的成本收益分析原则的初衷有很大的相似之处,然则"效能"问题,类似权责相适应原则的要求,仅是成本收益分析原则需要考虑的一个方面,往往是一种"成本—效能分析"(或称成本—有效性分析),这种分析在技术上无法进行以效率为中心的成本收益分析,同时也会产生循环论证的风险。然而沈岿教授的本意更加接近本书所称成本收益分析原则的意旨,"效能原则"依然无法成为"有利于行政权行使的优化及效益标准"[3]的基本原则,应当被成本收益分析原则吸收。

第二节 成本收益分析原则与比例原则之间的关系

成本收益分析原则在我国行政法中确立无法回避的一个基本理论问

---

〔1〕 参见章志远:《迈向公私合作性行政法》,载《法学研究》2019年第2期。
〔2〕 参见沈岿:《论行政法上的效能原则》,载《清华法学》2019年第4期。
〔3〕 参见章剑生:《现代行政法基本原则之重构》,载《中国法学》2003年第3期。

题就是其和比例原则之间的关系。近些年来,法教义学更加关注比例原则的理论评价及应用,并为诸如“必要性”“适当性”“狭义比例性”等不确定法律概念的解释找到规范的体系,并服务于司法实践的方法论论证范式。[1]

比例原则产生于18世纪末的德国《警察法》,一度被称为公法中的“帝王原则”,经典的三阶理论包括三项子原则——“适当性”原则(又称合目的性原则)、“必要性原则”(又称最小侵害性原则)与“狭义比例性原则”(又称均衡性原则或平衡性原则)。[2] 比例原则被我国行政法在创立之初引入,成为我国行政法的基本原则之一,用来分析行政行为的合理性问题,亦属于工具性原则的范畴。经过多年的研究及发展,尽管我们在教学的过程中还会将比例原则放在合理性原则项下,[3]但立足于法教义学的学者主张“复兴”比例原则,或主张用比例原则取代合理性原则,[4]或主张对比例原则均衡性问题的论证中不能量化的问题借鉴成本收益分析的分析模型。[5] 也有法经济学学者认为,比例原则存在理论上的谬误,应当以成本收益分析取代比例原则,因为“与政策科学和法经济学中更常用的成本收益分析相比,比例原则并非分析和论证实质合理性的有效、理想方法,至多构成残缺的成本收益分析,并将成本收益分析普适到私法领域”。[6] 本书认为,上述观点对比例原则与成本收益分析原则之间的关系认识均有所偏

---

〔1〕 主要成果参见刘权:《行政判决中比例原则的适用》,载《中国法学》2019年第3期;陈景辉:《比例原则的普遍化与基本权利的性质》,载《中国法学》2017年第5期;刘权:《论必要性原则的客观化》,载《中国法学》2016年第5期。

〔2〕 参见刘权:《目的正当性与比例原则的重构》,载《中国法学》2014年第4期。该文认为应加入“正当性原则”(又称目的正当性原则)成为四阶原则,本书则认为目的正当性原则应当为比例原则的三阶原则所吸收,贯穿于三阶原则之中。

〔3〕 参见应松年主编:《行政法与行政诉讼法学》,高等教育出版社2017年版,第39~40页。

〔4〕 参见杨登峰:《从合理原则走向统一的比例原则》,载《中国法学》2016年第3期。

〔5〕 参见刘权:《均衡性原则的具体化》,载《法学家》2017年第2期;刘权:《论必要性原则的客观化》,载《中国法学》2016年第5期。

〔6〕 参见戴昕、张永健:《比例原则还是成本收益分析——法学方法的批判性重构》,载《中外法学》2018年第6期。

颇。作为行政法的基本原则,比例原则与成本收益分析原则应当在行政法的理论体系中共存。就像已经有学者清醒地看到,效能原则与比例原则不是简单的谁取代谁的问题。[1] 每一种理论都有其产生的独特历史背景和法学理论的要求,作为工具性原则,行政法理论体系的开放性与包容性应当允许在理论和实务中已经发展并成熟的工具性原则共同存在,为决策者提供选择工具得以恰当运用的机会。下文将逐步解构比例原则与成本收益分析原则之间的关系,并为两者的区分适用提供指引,以期结束比例原则与成本收益分析原则谁取代谁的争论。

一、适用领域不同

比例原则依附于传统行政行为理论,受行政行为的类型化思路的影响,更多适用于干预行政中,尤其是在干预行政中对行政裁量权行使的价值判断具有优势地位,但在面对诸如扶贫等新兴的给付行政领域则显得力不从心;而成本收益分析原则适用于行政活动全过程,既可以适用于给付行政的全过程,也可以适用于干预行政裁量权行使合理性的判断,更可以适用于无法用行政行为理论涵盖的重大行政决策领域,尤其在决策的作出、风险评估及后评估等领域具有明显优势。同时,在积极行政领域,成本收益分析原则能够激励政府有担当、慎作为,是行政法在基本原则中重要的逻辑切换,相对更多地适用于消极行政领域的比例原则而言,具有进步意义。

二、逻辑推演方式不同

就未来行政法理论的革新与重构角度而言,新的行政法理论与制度体系,不能仅依靠定性分析的逻辑推演方式,必须借助以大数据为基础的定量分析,并将定量分析与定性分析相结合,才能得出科学的结论,而这些正

---

[1] 参见沈岿:《论行政法上的效能原则》,载《清华法学》2019 年第 4 期。

是比例原则所欠缺的。“不要用大炮打樱桃树上的小鸟”,是必要性原则对手段与目的之间的衡量,而其中“最小侵害性”的要求也抽象性地制造了更多的主观性问题和更加不确定的法律概念。因此,研究比例原则的学者很明确地提出了论断,即必要性原则需要客观化,因为何为最小侵害在行政主体与相对方的判断中是不同的,同时在“相同有效性”下的最小损害选择需要借鉴成本收益分析的逻辑思路。[1] 比例原则精细化的发展及其对精确性的要求,事实上陷入了一个误区,即最小侵害只是相对而言的概念,在复杂问题中,也只能选择商谈程序,而必要性作为手段的选择不仅存在定量分析上的不足,也并不是在“最小侵害性”的判断上引入成本收益分析就可以使必要性的客观化问题得以解决,其根本原因在于,比例原则与成本收益分析的逻辑推演方式是不同的。成本收益分析原则的优势是必须采取定量分析与定性分析相结合的方法,而不是纯粹的定量分析或定性分析,更重要的是,成本收益分析会为手段的选择进行客观信息的分析,提出可能的方案与替代性解决方案。本书所倡导之成本收益分析原则中定量与定性分析相结合,在与比例原则相较之层面,旨在弥补必要性原则的科学性缺陷,并改善我国行政法在复杂问题分析中的逻辑推演能力。

三、程序结构性不同

成本收益分析原则在程序结构上事实与价值问题分离,比例原则却更多强调均衡理念的价值判断,并不要求以事实与价值分离为程序结构的特点。均衡性原则主张促进的公共利益与公民个人权利的损害之间成比例,而“均衡原则具有较大的不确定性”,[2] 只能是一个理念性原则,其面临无法解决现实中问题的困境,形式性、主观性、空洞性是狭义比例原则受到批

[1] 参见刘权:《论必要性原则的客观化》,载《中国法学》2016 年第 5 期。

[2] Paul Craig, *EU Administrative Law* (Second Edition), Oxford: Oxford University Press, 2012, p. 591.

判的主要原因,缺乏分析工具且需要具体化是研究比例原则学者的热衷之处。[1] 也有学者对比例原则提出批判性意见,“由于比例原则将原本全面的成本收益分析机械地肢解,这使得分析、审查过程很容易丧失逻辑一致性,而审查结论则不具有成本收益层面的合理性”。[2] 实质上,这些关于比例原则的质疑源自程序结构的不同,成本收益分析强调事实与价值相分离,比例原则主要作价值分析,诸如,对公共利益的论述,基于比例原则更多是依靠对价值的判断,如若不将其作为事实问题进行程序分化,则理想化的全开放的价值论证过程成本极其高昂而偏离公共利益识别与实现的轨道,更加无法对可能被滥用的行政权力进行规制。关于公共利益作为事实问题的论述将在后文进一步展开。

[1] 刘权:《均衡性原则的具体化》,载《法学家》2017 年第 2 期。

[2] 戴昕、张永健:《比例原则还是成本收益分析——法学方法的批判性重构》,载《中外法学》2018 年第 6 期。

第三章　我国行政法成本收益分析原则的逻辑与技术

第一节　行政法成本收益分析原则的三步法逻辑结构[1]

笔者认为，行政法中成本收益分析原则应采用三步法：

第一步，针对事实认定的科学化过程。由政府作为组织专家清晰列举需要解决的目标问题的成本与收益，量化与比对成本与收益，依据大数据及精确的计算方法，完成定量分析过程。

第二步，针对价值判断的民主化过程。将全部的分析数据向社会公开，完成信息公开及公众参与的过程，充分分析针对定性分析的价值，并明确价值选择偏好的正当性与合法性，并作规范化解释。此处必须强调的是，法学与经济学关于价值的判断存在重大差异，例如，偷书贼偷书后以20美元卖出，经济学视野中偷书贼促进了经济效益，收益大于成本，而在法学的视野中，偷书贼盗窃，应当受到处罚，基于公平正义的法的基本价值是可

---

〔1〕 本书所构建的成本收益分析原则中的分析思路是将我国行政法中的分析要素依照逻辑思维整合过的，与美国学者所称的六步法并不相同。See generally Matthew D. Adler & Eric A. Posner, "Rethinking Cost-Benefit Analysis", 109 *Yale L. J.* 165, 17788(1999).

以否定其经济价值的。因此,在行政法学中引入成本收益分析原则在事实与价值相分离的过程中,价值判断是以法的价值为心理偏好的起点,而不是纯粹的货币化的经济价值,这是探讨成本收益分析原则逻辑结构的前提。

第三步,替代性方案形成过程。替代性方案的形成过程是针对不确定性分析来说的,也可以称作风险分析。我国行政法中的成本收益分析原则,在技术层面的难点是对未来不确定因素的估测,解决这个问题的核心技术就是折现率。折现率是成本收益分析中最重要的一个定量分析的结果变量,选择参数的任何操作或错误将极大地影响基于成本收益分析所得出的结论,这也为行政权的行使留下了很大的裁量空间。〔1〕 在行政法学领域,折现率的选择主要是指社会折现率的选择,这项技术已经在一些国家的环保与风险评估领域有较为成熟的应用。在我国行政法视野中,折现率的选择与适用并没有被纳入规则体系中。〔2〕 需要说明的是,政府如果选择不适用该成本收益分析报告的结论,则启动可替代方案。政府在启动明确可替代方案之前,要估测每个可替代性方案将产生的可预见的影响,并向社会公开说明理由。

第二节　成本收益分析原则的核心技术

"解决问题的可能性并不取决于我们选择什么神奇而宏伟的方案,而主要取决于我们选择什么样的社会技术……理性社会行为的核心是技术

〔1〕 例如 1,000,000 欧元净收益,30 年累计净现值,选择 1% 的折现率,则为 741,931 欧元;选择 5% 的折现率则为 231,377 欧元,因此,二者差异很大,必须精确。

〔2〕 社会折现率是根据官方的指南来确定的,在社会折现率的适用上,我国应该建立相应规范的体系,并向社会公开。

而非‘主义’。”[1]成本收益分析的核心思路，是运用统一的尺度，权衡待审查的法律规则或政策举措可能导致的各类有利和不利后果（成本或收益），并在此基础上，比较待审查举措与其他可能的替代性举措，判断何者更有助于促成社会福利最优。[2] 尽管在以行政法学家为主导的成本收益分析原则适用展开的过程中，关于量化技术并不是法学家所擅长的，但是行政法学家必须对每种技术可能解决哪种问题有所了解，以便对选择适用的技术可能存在的缺陷及规范性问题有全局性的掌控，这样才能得出最为科学的结论。

一、成本收益分析方法中的主流方法

（一）帕累托原则（The Pareto Criterion）

在支持成本收益分析方法的阵营中，有部分人将“帕累托原则”作为其辩护理由。帕累托提出的“帕累托最优”，成为福利经济学理论的一个基本概念。“帕累托最优”是指在一种配置下，不可能通过重新组合生产和分配增加一个人或多个人的福利而不使其他人的福利减少。如果从一种配置到另一种配置，至少使一个人的效用增加，而不使任何人的效用下降，则称该变化为配置的“帕累托改进”。从理论上看，帕累托原则似乎无懈可击，与边沁的“功利主义”——最大多数人快乐的最大化，也不谋而合。但仔细一想，这一原则在现实中难以找到其身影。例如，重大行政决策，总是在多方博弈的情况下作出的，再完美的政策也总会有“受益者”（winners）和“受损者”（losers）。从经济学的角度来看，资源总是有限的，资源的配置不可能面面俱到。因此，如果以“帕累托原则”作为标准，恐怕没有一个行政决策能够满足它的要求。因此，“帕累托原则”渐渐被卡尔多—希克斯标准

---

〔1〕 Robert A. Dahl and Charles E. Lindblom, *Politics, Economics, and Welfare: Planning and Politic—Economics Systems Resolved into Basic Social Processes*, New York: Harper and Row, 1953, pp. 6, 16.

〔2〕 See Matthew D. Adler & Eric A. Posner, *New Foundations of Cost-Benefit Analysis*, Cambridge: Harvard University Press, 2006, p. 22.

取代。

(二)卡尔多—希克斯标准(Kaldor-Hicks Criterion)

卡尔多—希克斯标准也称"潜在的帕累托改进"。该标准克服了帕累托原则的内在缺陷,成为成本收益分析中的主流标准。在卡尔多—希克斯标准出现之前,对政策好坏的评价,往往热衷于比较个人之间的效用,即审查一项政策对每个人边际效用的影响如何。卡尔多转变了评价政策的视角,他从总体的效用水平出发,代替了个人之间的效用比较,[1]主张一个项目如果使受益者变得更好,并且能够通过不费成本的一次性转移对受损者作出补偿,那么该项目就有正当性,无须考察个人之间的效用如何变化。至于是否能通过补偿让受损者变为受益者,卡尔多认为这是一个政治问题,作为经济学家无法发表意见。[2] 可见,卡尔多的主张并不考虑分配的问题,效率才是衡量政策正当性的核心标准,即应把焦点放在如何"把经济蛋糕做大"上,而不是关注如何"将蛋糕切成每一小块"。希克斯认同卡尔多的观点,最终发展了卡尔多—希克斯标准。[3] 这个标准渐渐成为成本收益分析中的主流观点,其认为成本收益分析是为解决问题提供答案,而不是为争论而继续提供信息。[4] 在卡尔多—希克斯标准下,希克斯定义了"补偿变差"(Compensating Variation, CV)和"等价变差"(Equivalent Variation),并且发展了"接受补偿意愿"(Wiliness To Accept, WTA)和"支付意愿"(Wiliness To Pay, WTP)的概念。补偿变差要素分析如表1所示。

---

〔1〕 See Nicholas Kaldor, "Welfare Propositions of Economics and Interpersonal Comparisons of Utility", 49 *Econ. J.* 549, 551 n. 1 (1939).

〔2〕 See Nicholas Kaldor, "Welfare Propositions of Economics and Interpersonal Comparisons of Utility", 49 *Econ. J.* 550 (1939).

〔3〕 See J. R. Hicks, "The Foundations of Welfare Economics", 49 *Econ. J.* 697 (1939).

〔4〕 See Robert C. Lathrop, "The Misplaced Role of Cost-Benefit Analysis in Columbia Basin Fishery", 16 *Envtl. L.* 517 (1986).

表 1　卡尔多—希克斯标准补偿变差要素分析

要素	具体内容
支付意愿（WTP）	处于不利地位一方的支付意愿，为了获利或避免损失所承担的最大不利
接受补偿意愿（WTA）	处于有利地位的一方的接受意愿，即让渡优势而接受损害的最低补偿意愿
收益（benefit）	(1)收入：支付意愿，积极追求改变的付出，补偿变差是有限的 (2)返还的损失：接受补偿意愿，补偿变差是无限的
成本（cost）	损失：接受补偿意愿，消极追求改变所愿意接受的补偿变差是无限的，如果是积极追求改变，补偿变差是有限的

二、对主流方法的批判

对主流方法批判的观点及批判基础如表 2 所示。

表 2　对主流方法的批判

序号	批判	批判基础（理由）
1	成本收益分析结果将会反映现在的致富模式	结果是不公正的
2	价值缺失和价值违背道德	没有考虑收入分配和其他道德情操（如慈善），从道德层面看有缺陷，值得怀疑
3	公共价值是适宜的，却用私人价值的标准加以否定	个人作为公民和以私人身份作出的选择是不同的，因此成本收益分析可能遗漏正确的价值
4	忽略代与代之间的公平	忽略道德价值
5	忽视道德层面的一个例子——利用折现率来估算未来生活	成本收益分析中包含了对后代不适当的考虑

续表

序号	批判	批判基础(理由)
6	没有意识到包括不良效用在内的不道德价值,成本收益分析就无法考虑道德层面的价值	成本收益分析包含了不道德的价值,却忽略了道德的价值,因此,它无法谴责所有的强奸和奴役
7	对无可比拟的进行比较,对无价的进行定价,完全依赖市场价值	价值的求总方式不恰当。另外,市场价值是次要的,它降低了道德情操的价值
8	缺乏科学的方法计算偏好	既然效用无法衡量,那么就不能说一个项目增加部分人的财富大于减少部分人的财富,则社会的总幸福是增加的
9	成本收益分析喜欢维持现状	对改变有偏见,接受现在权利模式。因此如果有争议,倾向于状态 A(如果从 A 开始)或状态 B(如果从 B 开始)
10	状态 BCA 所扮演的角色:在争论方面胜过于成本收益分析	成本收益分析要求是一种机械方法,避免争论
11	可能忽略无法量化的价值	忽略重要的价值
12	西托夫斯基逆转	利用卡尔多—希克斯标准,可能建议从状态 A 变为状态 B,然后又可能回到状态 A,永无止境。因此,成本收益分析是没用的

三、折现率

(一)折现率的概念

折现率,在经济学中,是指将未来有限期的预期收益折算成现值的比率,常用于企业投资评估或项目评估。折现率是一种期望投资报酬率,是投资者在投资风险一定的情况下,对投资所期望的回报率。它是根据资金具有的时间价值,按复利计息原理把未来预期收益折成现值的一种比率。行政法中引入折现率技术,主要是针对代际公平、周期长、风险大等不确定因素而言的。

(二)社会折现率

社会学家将经济学意义上的折现率概念推广到一般社会活动,用社会折现率来表示个人组成的社会对现在以及未来的相对评价。

依据现代经济学观点,公共项目的目标是增进和提高社会福利,而社会福利的增加又体现在效率性和公平性两个方面。代际公平伦理价值观就是要保证当代人与后代人有平等发展机会,在资源和福利分配上实现公平,它以代内公平观念为前提,将伦理维度纵向延伸,最终实现时间整体公平。代际公平从经济学角度讲,就是在自然资本不断消耗条件下用其他形式的财富替代自然资本,并在时间推移的过程中使后代维持至少不下降的福利水平。所以,代际公平取决于人们对于未来前景的理解。

简单来说,高的社会折现率表明人们更关注当代人的收益,而将成本负担转移到后代身上。这可能会导致资源存量的快速消耗、环境的恶化以及消费的稳定下降。相反,较低的社会折现率体现了人们更加关注后代人的利益,更加注重长远可持续发展。因此,过高或过低的社会折现率会低估或高估政策的长远收益,从而可能扭曲政策的成本收益分析结果,诱使决策者作出错误的政策选择。因此,折现率的选择必须以政府规定的官方指引为基准,经过专业分析与论证才能确定,否则得出的结论则会出现“失之毫厘,谬以千里”的结果。

(三)折现率的适用

折现率适用的具体比例见表 3 及表 4:

表 3　2013 年修改后的 2010～2050 年关于二氧化碳的社会成本

（使用 2001 年美元价值衡量每公吨二氧化碳价格）＊

年份	折现率			
	5.0% Avg 函数	3.0% Avg 函数	2.5% Avg 函数	3.0% 第 95 百分位数
2010	11	32	51	89
2015	12	37	57	109
2020	12	43	64	128
2025	14	47	69	143
2030	16	52	75	159
2035	19	56	80	175
2040	21	61	86	191
2045	24	66	92	206
2050	26	71	97	220

＊资料来源：See Cass R. Sunstein, "The Real World of Cost-benefit Analysis: Thirty-six Questions (And Almost as Many Answers)", 114 *Colum. L. Rev.* 167, 203 (2014).

表 4　2010～2050 年每一年的二氧化碳社会成本

（2010 年工作团队基于 2007 年美元价值）＊

年份	折现率			
	5.0% Avg 函数	3.0% Avg 函数	2.5% Avg 函数	3.0% 第 95 百分位数
2010	4.7	21.4	35.1	64.9
2011	4.9	21.9	35.7	66.5
2012	5.1	22.4	36.4	68.1
2013	5.3	22.8	37.0	69.6

续表

年份	折现率			
	5.0% Avg 函数	3.0% Avg 函数	2.5% Avg 函数	3.0% 第95百分位数
2014	5.5	23.3	37.7	71.2
2015	5.7	23.8	38.4	72.8
2016	5.9	24.3	39.0	74.4
2017	6.1	24.8	39.7	76.0
2018	6.3	25.3	40.4	77.5
2019	6.5	25.8	41.0	79.1
2020	6.8	26.3	41.7	80.7
2021	7.1	27.0	42.5	82.6
2022	7.4	27.6	43.4	84.6
2023	7.7	28.3	44.2	86.5
2024	7.9	28.9	45.0	88.4
2025	8.2	29.6	45.9	90.4
2026	8.5	30.2	46.7	92.3
2027	8.8	30.9	47.5	94.2
2028	9.1	31.5	48.4	96.2
2029	9.4	32.1	49.2	98.1
2030	9.7	32.8	50.0	100.0
2031	10.0	33.4	50.9	102.0
2032	10.3	34.1	51.7	103.9
2033	10.6	34.7	52.5	105.8
2034	10.9	35.4	53.4	107.8
2035	11.2	36.0	54.2	109.7
2036	11.5	36.7	55.0	111.6

续表

年份	折现率			
	5.0% Avg 函数	3.0% Avg 函数	2.5% Avg 函数	3.0% 第95百分位数
2037	11.8	37.3	55.9	113.6
2038	12.1	37.9	56.7	115.5
2039	12.4	38.6	57.5	117.4
2040	12.7	39.2	58.4	119.3
2041	13.0	39.8	59.0	121.0
2042	13.3	40.4	59.7	122.7
2043	13.6	40.9	60.4	124.4
2044	13.9	41.5	61.0	126.1
2045	14.2	42.1	61.7	127.8
2046	14.5	42.6	62.4	129.4
2047	14.8	43.2	63.0	131.1
2048	15.1	43.8	63.7	132.8
2049	15.4	44.4	64.4	134.5
2050	15.7	44.9	65.0	136.2

*资料来源:Annual SCC Values, 2010 - 2050 from 2010 Working Group in 2007 Dollars.

第三节　技术层面可能的质疑及回应

成本收益分析原则适用在我国行政法,主要面临定量分析与定性分析两个技术层面的质疑,本节将予以回应。

一、涉及定量分析层面的质疑

(一)精确度问题

精确度问题涉及对价值的准确解释。首先,由于成本收益分析原则在适用的过程中会存在一系列方法性的原因,估值的不精确是可以预见的。在某种程度上,由于操作的不专业性等因素会导致成本的评估过度依赖政府的判断,信息的收集也是不完全可靠的。[1] 其次,信息的准确度与可靠性是成本收益分析定量分析的前提,然而基于经济学方法论往往以假设为前提,而某些假设就会首先受到质疑,例如,关于任何问题的心理价值的初始点设置就是备受争议的问题,在不同情境下,初始点的设置就会有变化,估值的优先性也会不同。最后,支付意愿的问题会随着不同领域对于价值解释的重大差异而变化。例如,在环保领域及个人健康领域,人们的支付意愿会大大提高,而对于参与计算的人群往往又没有真实地参与到市场交易当中,更重要的原因是,这些支付意愿,往往受个人财富的限制而产生不准确的信息。

精确度问题的质疑必须要从实用主义的程序结构中去回应。成本收益分析原则,首先不取决于规范性问题的实体性解决。也就是说,即使在某些领域精确度存在问题,成本收益分析原则的程序价值仍然不可替代。如果政府不使用成本收益分析,并选择适用可替代的其他方法,那么政府需要说明不适用该分析方法的原因,并说明可替代的分析方法在有限的分析时间、金钱、信息的基础上予以替代性选择的合理性、正当性与必要性。这就从程序上保障了无论政府选择何种可替代的方法,都应当基于政府信息公开中的主动公开事由向公众说明理由,这就是成本收益分析原则在程序结构上,事实与价值在判断中相互分离的优势所在。

---

〔1〕 Thomas O. McCarity,“Professor Sunstein's Fuzzy Math”,90 *Geo. L. J.* 2341,2344(2002).

（二）无法量化的道德问题

成本收益分析原则最大的问题莫过于对其道德性批判，批判者主张，成本收益分析产生的结果从道德上看不具备正当性，诸如人的生命健康等问题是不能量化估值的。然而，批判者忽略了这样一个事实，即成本收益分析原则不是道德标准，成本收益分析原则的正当性问题不取决于关于生命价值无法衡量等哲学问题的解决。况且成本收益分析原则在行政法中的适用，不以道德问题的解决为前提。[1] 将道德标准放在定性分析的部分而非定量分析部分予以考量，对于成本收益分析原则的正当性认识至关重要。如前文所述，成本收益分析原则是以定量分析与定性分析相结合为特点的，定量分析针对的是可以量化的，对于无法量化的道德问题只能在定性分析中予以考量。所有问题都可以量化是最为严重的成本收益分析认识错误，其以价值的评估否认事实的认定，混同价值与事实问题，这是使对成本收益分析原则的认识陷入混乱而由此对成本收益分析原则产生怀疑的重要原因。

但是，这并非说决策者进行成本收益分析完全不需要考虑道德问题。事实上，道德问题与政府的决策往往无法完全相分离。如在计算人们的偏好时，有些人表达了对所存在价值的重视，这其实是利他主义而非严格意义上的个人偏好的体现，是基于道德上的义务作出的选择。至于批判者们从道德的角度对它进行的批判，如折现率的选择和对生命及健康问题进行货币化等。其实，生命、健康等问题本身是不能货币化的，并不必然要使用成本与收益分析。行政机关可以不使用成本收益分析方法，只要履行规范意义上充分的说明理由义务即可。

---

〔1〕 See Matthew D. Adler and Eric A. Posner, "Rethinking Cost-Benefit Analysis", 109 *Yale. L. J.* 165 (1999).

二、涉及定性分析层面的问题

（一）偏好问题

成本收益分析原则的构建横跨政治学、经济学、法学、心理学、社会学等学科，需要解决的是跨学科的问题，而跨学科的问题需要用科学的语言来表达，这必然存在偏好的差异性问题。而偏好性问题，是经济学与法学之间的一道隔离带。比如，作成本收益分析的专家有可能来自不同学科领域，所持有的理性选择方法有一定的差异，对价值的选择与判断会存在偏好，导致分歧的产生，依据成本收益分析得出的结果存在巨大差异。[1] 成本收益分析作为中立的解决问题的原则与理论一致性的缺失，导致的结果是其可信度及效率的降低。

需要说明的是，偏好性问题不仅存在于成本收益分析的过程中，任何一种分析方法都不可避免地存在偏好性问题，然而，成本收益分析在偏好性问题上仍然存在自我纠偏的优势，即公开的客观数据及全程透明的程序与逻辑。[2] 尤其是在大数据时代，诸如随着区块链技术的应用，不可篡改性使成本收益分析数据来源更加可靠，全过程具有透明性，这为全社会共同纠正重大偏好差异带来的损失创造了可能性。

（二）政治问题

法律理论依赖政治与道德理论，行政法问题往往与政治问题相伴而生，政治问题是行政法必须面对的真实问题。在运用成本收益分析原则分析的过程中，其科学性及政治性经常会被公众及政府质疑，故而被排斥适用。

上述质疑是对政治问题与成本收益分析原则之间的关系认识不清而产生的。首先，就政府的角度而言，成本收益分析原则的确立不仅没有削

---

〔1〕 Cass R. Sustein, "In Praise of Numbers: A Reply", 90 *Geo. L. J.* 2379, 2290(2002).

〔2〕 See Sidney A. Shapiro & Robert L. Glicksman, Risk Regulation at Risk: Restoring A Pragmatic Approach 113 – 115(2003).

弱政治性，反而强化了政治本身的价值，推动了解决问题的进程，告别了传统政治问题解决过程中的三个缺陷，即数据不充分、思维不畅及辩论无力。其次，就公众的角度而言，政治性问题在成本收益分析中是民主化的定性分析而非科学化的定量分析过程，是为行政法中所涉及的复杂的政治问题带来加强解释力并促进公开透明的进路。公众可以基于成本收益分析原则所设定的程序，要求政府公开政治问题的决策过程，从而促进公众参与度的加强，这样可以大大降低非理性决策的空间，其对规制行政裁量权的滥用及预防腐败也具有积极的促进作用。

第四节　成本收益分析作为技术在行政法中应用的三个前提

成本收益分析具有很高的专业性，其可以作为技术应用于行政法中，是因为其对价值判断具有中立性、是工具性原则，且是主观意志的客观表达方式。

一、成本收益分析对价值判断的中立性

成本收益分析只是在理论上考虑各种存在价值，为决策者提供价值判断的信息，其既没有忽略价值也没有创造价值。

在解决社会成本问题方面（如解决公共产品的污染和预防等负外部性方面），各级政府的作为有其合法性基础，有时甚至起关键作用。这样，慢慢地政府和其规制机关发展了各种工具来辅助决策。成本收益分析就是其中一种工具，经常见之于众人皆知的“规制影响分析报告”中。

在理论上，成本收益分析应当是一种中性的决策工具，它首先能促使决策者选择值得解决的社会成本问题，其次选择解决问题的机制，来优化资源配置，确保公共投资（或政府授权的私人投资）实现社会效益的最大

化。因此,成本收益分析被认为是一个漏斗,用以促进福利措施的实行,阻止有损福利的决策通过。

在实践中,成本收益分析不可避免地涉及价值判断的问题,从本质上看它是主观的,它使相关的分析可能成为推行政治目的的可操纵性工具。成本收益分析重要的主观因素,首先,包括对人类寿命缩短和其他非市场化利益(如环境因素)的估值;其次,是确定社会折现率所使用的标准。在文献中,有人发现了很多可接受的价值标准来确定折现率和非市场化的利益(如人类生命)。这些价值标准种类繁多,足以对分析结果产生影响,来支持或反对有关大范围社会成本问题的解决。因此,成本收益分析对支持或反对政策的不同立场,均是有用的工具。

(一)关于价值的认定问题

批判成本收益分析的人认为,成本收益分析只关心市场价值,在他们看来,经济学家试图为那些没有市场价值的"利益"(如环境质量问题或职业安全保障问题)提供一个价格或"影子价格",是因为它们的价值不仅是市场价值。然而,在成本收益分析的语境下,市场只是一个比喻,代表确定价值的一种机制。在这个比喻下,市场价值并不代表商品性,而代表选择。被评估的价值可能在商品化的市场之外。例如,看待友谊的价值,并不意味着它必须由商品市场确定,又如,你为了参加一个有特殊意义的演讲,在最后一刻取消了和朋友的午餐约会,对于朋友的伤害,你并没有用钱来补偿。所以,在提到友谊的价值和它在"友谊市场"中的价值时,只是为了强调它是有价值的这一事实,这一价值应当考虑,这会影响友谊的数量或质量,但成本收益分析并没有忽略或低估友谊的价值。

(二)关于利益问题

比较两种情境,第一种是维持现状,即现在的情况,第二种和现状相同,除了实施项目会带来一些变化。在比较时,你考虑了项目所带来的后果,你和其他人收入的不同,生态环境的差别等;但除项目带来的变化外,这两种情境是一样的。

假设你喜欢第一种情境胜过第二种(更喜欢维持现状),那么你最低愿意接受多少补偿,才能够像喜欢现状那样看重那些变化。如果你更喜欢第二种情境,那么你愿意支付多少,来追求这种改变,从而保持与现状一样的价值呢? 我们会对所有受该决策影响的人提出这样的问题,理论上可以是世界上的所有人。经济学理论认为,如果补偿额低于支付额,那么改变就是值得的。补偿额衡量的是受损者的成本;支付额代表的是受益者的收益。

(三)“效率”、“公平”与“分配结果”的逻辑关系

第一,若成本收益分析以卡尔多—希克斯标准为基础,纯收益是正的,且将分配效果考虑在内,那么就可能促进社会福利。

第二,如果以财富最大化为标准,那么忽略分配效果是合理的,因为考虑分配效果的收益往往低于成本。有这样一种情况,收入的变化很小,原先的分配效果是公平的,那么再考虑分配效果就不存在任何收益。

第三,通过补偿实现分配结果的公平,追求的是一种狭义的效率,所需要的成本比直接的再分配政策更高。在这种情况下,忽略分配结果是一个权宜之计,这样其成本就会低于收益。通过直接的再分配政策,可以将成本降到最低。

(四)偏好“加总”与道德逻辑

偏好“加总”是指社会福利函数存在如何将个人偏好“加总”为社会偏好的问题。对成本收益分析最根本的批判是,它将偏好加总缺乏令人信服的道德逻辑。该分析工具的价值部分是由收入决定的,而收入并非一个完备的道德基础。成本收益分析不能衡量加总的价值,因为没有基数效用。该分析工具所用的数据,只有在认为其有用时才有意义。

成本收益分析所使用的标准定距测量尺度(interval scale for measurement)是由冯·纽曼(Von Neumann)和摩根斯坦(Morgenstern)(以下简称NM)提出的。NM公理认为,理性的投资者如果对投资对象有全面的了解,就会预算每一次行动的后果,并且在有限的预算内,选择最满足偏

好函数的行为。批判者认为 NM 的方法得出的只能是序数的。然而,即使偏好可以加总,我们通过成本收益分析也无法确定正确的行为。即使我们假设并不存在一种序数效用的衡量方式,可以将收益和成本进行加总,得到一个总体的指标,但问题还是存在。要得到一个没有任何瑕疵的决策方程,来衡量效用,是不大可能的。

道德理论并不能提供一个简单的规则,对偏好进行加总,并能得到普遍认同和适用。不管是成本收益分析,还是其他加总偏好的方程,都得不到普通的认可,无法成为决策的唯一基础。成本收益分析无法告知我们"什么是正确的行为"。批判者认为,在衡量社区价值这一基础性任务上,成本收益分析无法提供帮助的观点是对的。但是,这一批判意见和是否应当运用成本收益分析完全无关。谁说它必须解决上述问题?怎么可能对它提出这样的要求?因为法律在某种程度上就是决策,成本收益分析的角色定位是提供决策有关的信息,而非决策本身。如果我们承认这一点,那么它就无须背负沉重的道德要求,它不可能提供符合道德要求的答案。如果我们接受该分析工具并不等于决策本身,那么就能接受"它不能提供正确答案"这一事实。这样,该分析工具的目标就无须那么宏大,并不万能,而是更实用。

然而,成本收益分析不仅是提供信息;它是决策过程中不可或缺的一部分。它影响了决策的框架和内容。对批判者来说,他们认为这是一个负面因素。希尔德雷德(Hildred)和博韦(Beauvais)认为,成本收益分析是有缺陷的科学,它剥夺了普通公民参与民主决策,影响医疗资源分配的机会。在他们看来,在医疗方面的决策中运用该分析工具,使科学的精确性大打折扣,偏离社会偏好和选择,掩盖了实际影响医疗资源分配的权力。这些都是出于合法性的考虑。不仅是有关数据的质量和类型,而且这些数据如何呈现,都影响着争议的进程。如果数据以一种方式呈现,则会将焦点放在量化方面,而忽略定性问题。强调硬性的数据往往容易忽略软性的因素。若数据以另一种方式呈现,则会促进定性问题的讨论,使特殊利益集团有较少的机会,利用权力推行缺乏效率的项目,保证争议的质量。在成本收益分析中,对相关数据的质量和呈现方式的质疑,是一个重要的问题。不容忽视的是,这对运用成本收益分析的决策过程会产生重要影响,如果出现偏差,也并不影响成本收益分析的正常使用。

(五)"资格"问题:谁的价值应该计算在内

每一个成本收益分析都涉及两个问题:一是行动的价值,例如,是否修建一个堤坝;二是谁的价值应当考虑在内。"资格"问题涉及的是谁的价值应计算在内。这是一个法学问题,经济学理论上并不存在这个问题,因为每个人的价值都被考虑在内。关于"资格"问题有两个主要的经济标准。第一,个人有能力对选择作出排序:他们会判断选择 A 优于、等于或劣于选择 B。这意味着个人对选择有充分的了解,知道哪个对其效用最好。第二,个人必须是理性的(反射性和传递性)。一般来说,经济学家认为,那些有理性、有能力作选择的人都有资格,而法学却不然,不是所有具有选择能力的人都有资格成为法学视角下的"资格"。

(六)政治过程中的利益考量

虽然其他批判者认为成本收益分析已经占主导地位,但它的分析结果往往容易基于政治考虑而被推翻。

作为一种方法论,若强调在规制过程中应体现更多的合理性,则将一直受欢迎。1995 年 2 月,美国《风险评估和成本收益分析法案》的立法目的,是对规制机构进行改革,通过客观、科学、中立的风险评估,对主要规则的成本和收益进行综合考虑,集中国家的经济资源。批判者担忧对于一些有价值的项目,纯收益反而会被忽略。然而,这一法案规定,只要满足可行性,成本收益分析应可以使用,决策中应考虑定性的收益。只要主要规则的收益和成本的比例合理,或者可能为其成本提供正当性,即使有不确定性,也应当支持该规则。该法案将有关权力保留给美国国会,即决定哪些是主要规则,应当适用成本收益分析。这样,该法案的起草者为有关规则是否运用成本收益分析留下了余地,即只要不是主要规则就无须适用。

批判者强调政治过程的重要性,各方意见和利益可能受到审查,各种价值可以得以体现和形成。成本收益分析的支持者认为,该分析工具不但没有削弱政治过程,反而强化了其价值。有证据表明它确实有这一优势,例如,一份有关项目风险比较的调查表明,最有效的项目,通常都由公众的主要代表和技术专家提出。这项调查发现,集体解决棘手问题往往陷入困境,这迫使集体的成员阐明自己的主张,从而在同伴中获得支持或强化其对其他意见的反对立场。这样一个过程暴露了那些无力的辩论、混乱的思维和贫乏的数据。让那些先入为主的意见不攻自破。最终,集体的成员会发现,他们所达成的共识远远超过了预期。他们深信自己的洞察力,且应当对公共政策产生影响。简言之,这样一个过程通常能更好地解决问题。

二、成本收益分析是工具性原则

成本收益分析仅是一种为决策者提供信息的工具,决策者可以选择成本收益分析作为信息工具,也可以不使用该工具。

成本收益分析并不依赖功利主义。规范的经济学分析关注的是对不同情境的排序,功利主义分析中是否体现了真实性并不重要。一开始就提到,社会排序让我们可以对所有的情境进行比较,并对它们进行排列,看哪一个更好或是否一样好。在理想的状态下,我们总希望这种排序是全面的,即考虑了所有的情境或状态,且具有可传递性。“情境”或“状态”可以理解成对所有可能状态的描述,包括经济因素、非歧视原则以及物理因素如天气等。

三、成本收益分析是主观意志的客观表达方式

成本收益分析是主观意志的客观表达方式,同时考虑并体现了法律和心理上的参照点,最大可能地尊重偏好的原样。

(一)经济学上的价值

收益和成本由“支付意愿”(WTP)和“接受意愿”(WTA)衡量。WTP表示一个人愿意支付多少来获得他没有的东西。它代表一个人为获取某一东西或服务或避免某些伤害愿意支付的最大数额。WTA表示一个人将其拥有的东西出售愿意接受的数额。WTA是某人放弃某物或承担损害所愿意接受的最小数额。WTP和WTA分别以“补偿变差”和“等价变差”为基础。这些都是效用的“指示器”,为个人选择提供全面的排序。收益和损失与WTP和WTA的关系如下。

一个项目的收益可以是收入也可以是挽回的损失。一个项目的成本可以是损失也可以是放弃的收益。收益和成本通过WTP和WTA加总。它们的关系如下:

收益:将项目带来改变导致的WTP(视为收益)和WTA(视为挽回损失)加总;

成本:将项目带来改变导致的WTA(视为损失)和WTP(视为放弃收益)加总。(详见表5)

表5　与收入和损失相关的收益和成本

项目	收入和放弃的收入	损失和挽回的损失
收益	WTP——带来积极变化的CV加总——有限	WTA——带来积极变化的EV加总——无限
成本	WTP——带来消极变化的CV加总——有限	WTA——带来消极变化的EV加总——无限

传统上用WTP表示收益,用WTA表示损失,但并没有什么强烈的动因,正确的动因在于对于心理上和法律上所有权的承认。所有权意味着,个人有权利放弃其拥有的东西(通过WTA衡量)。换言之,选择WTP还是WTA是一个规范性的问题,其正当性在于对所有权的理解。另一个强有力的正当性在于,收入和损失的影响从心理感受上是不同的。

(二)心理学上的价值

心理学上的价值属于非市场收益,是否应当包括在成本收益分析之内呢?也就是说,首先,谁的价值应当考虑,即“心理学上的资格问题”(psychological standing);其次,这些价值如何计算,即“心理学上的所有权问题”。要解决这两个问题,必须了解经济学上的价值理论。

在衡量“利益”的价值时,涉及两点:一是“利益”本身的价值,二是决定“资格问题”的法律的价值。如果法律明确规定,小偷的盗窃行为违法,那么盗窃物对小偷的价值就会受到否认。面对这样的问题,从经济学的角度看盗窃是否合法,则需要考虑盗窃物对小偷的价值。

在判断是否有“资格”时,可以运用成本收益分析。如果授予某一团体“资格”所获得的收益高于其他人遭受的损失,那么经济学家则会以成本收益分析主张授予这一资格。但是法学家会认为,非基于法律上的原因,成本收益分析本身不能授予或剥夺“资格”。在这种冲突之下,成本收益分析只能是法律问题的分析工具,而不能直接决定法律上的价值问题。

第四章　行政法成本收益分析原则在行政法上的适用展开

成本收益分析原则在我国行政法中的构建不仅具有理论根基，其在实务中所适用的领域也较广泛，且在我国行政法治中的一些具体的领域已经有适用的实例。无论是从中央层面还是从地方层面来看，成本收益分析原则在行政法中可适用之迫切性已经完全凸显了。就中央层面而言，以对法治政府科学决策、风险评估、绩效管理为主；[1] 就地方层面而言，以立法评估领域居多，以 2019 年 6 月发布的《苏州市人民政府立法前评估办法》[2] 第 11 条第 3 款为例，该条款强制地要求立法评估报告必须包括立法成本效益分析；又如，安徽省司法厅对立法成本收益分析中的成本与收益要素及立法评估的步骤作了细致的分析。[3] 成本收益分析原则所适用的领域

---

〔1〕 国务院《全面推进依法行政实施纲要》、《关于加强法治政府建设的意见》、《中共中央国务院关于全面实施预算绩效管理的意见》、《政府投资条例》、《重大行政决策程序暂行条例》等中央层面的行政法规及规范性文件，都体现了中央对政府行为基于成本收益分析原则达成科学性的要求。

〔2〕 《苏州市人民政府立法前评估办法》（苏州市人民政府令〔2019〕150 号），2019 年 7 月 1 日起施行，载 http://www.zfxxgk.suzhou.gov.cn/sxqzf/szsrmzf/201905/t20190520_1165879.html?from=timeline，最后访问日期：2019 年 6 月 17 日。

〔3〕 参见安徽省司法厅网站：http://www.ahfzb.gov.cn/content/detail/566a91fff3cd010f3e207f66.html，最后访问日期：2019 年 6 月 17 日。

是非常宽泛的，主要涉及重大行政决策、风险评估、立法评估、纠纷解决等领域。因本书篇幅有限，不能对所有领域一一阐述，下文仅以重大决策领域与纠纷解决领域为例展开论述。

第一节 行政法成本收益分析原则在重大行政决策领域的适用

“行政不仅要具备形式合法性，而且需要体现民主性与理性。”[1]成本收益分析的本质是一种决策理论，其在行政法中的运用，首先应该在重大行政决策的法治化领域。然而，行政决策的问题是一个集管理学、政治学、行政学与行政法学于一体的交叉学科的问题，作为行政活动的一个非常重要且常态性的领域，长期以来一直在行政学与管理学的研究视阈中，2019年《重大行政决策程序暂行条例》的出台，标志着重大行政决策法学的制度先行。此时，我国行政法的理论体系围绕行政行为为中心建立起来，但行政行为的概念、范围与逻辑自洽性所存在的问题，都在行政决策法学领域集中体现。有的学者提出重大行政决策在现有的行政法的概念群中并无容身之所，对其要么只能作程序性行为理解，要么以行政行为和行政立法的替代品予以解释。[2] 也有学者认为，行政决策入法的原因，在于行政法学对行政行为类型化研究的不足。[3] 重大行政决策是一种行政活动，属于行政法的研究范畴，是“政府—市场—社会”三方关系的焦点所在。然而，综观既有的关于重大行政决策的研究都没有说清楚解决这三元关系的决策方法与程序结构之间的关系。下文将运用成本收益分析原则予以解构。

“重大行政决策事项是指，决定对经济社会发展有重大影响、涉及重大

---

[1] 王锡锌：《依法行政合法化逻辑及其现实情境》，载《中国法学》2008 年第 5 期。
[2] 参见熊樟林：《重大行政决策概念证伪及其补正》，载《中国法学》2015 年第 3 期。
[3] 参见叶必丰：《行政决策的法律表达》，载《法商研究》2016 年第 2 期。

公共利益或者社会公众切身利益的重大事项。"[1]根据《重大行政决策程序暂行条例》的文本意涵,重大行政决策本质上就是科学与民主在行政法上的集中体现。以成本收益分析原则的理论框架分析有以下三个方面:一是科学决策,即事实问题的法律认定;二是民主决策,即价值问题的法律表达;三是依法决策问题,即事实与价值在行政法程序结构性层面的重组。这三个核心问题正好是成本收益分析原则的核心理论问题。三者的关系是,科学决策是民主决策的前置程序,依法决策是科学决策与民主决策的运行轨道和最终成果。而科学决策、民主决策与依法决策中的难题集中在关于公共利益与风险的论证上。

首先,重大行政决策分为科学决策与民主决策两个阶段,依据成本收益分析原则,要在程序结构上实现事实判断和价值判断相分离。这种程序结构意义的变革,使行政法中程序正义价值通过程序本身的结构自治性与理性选择发现并实现公共利益。[2] 而在科学决策与民主决策之间要以全方位的信息公开作为依法决策必备的程序性要件,最后的综合分析要依靠专家和高素质的行政官员依据分析模型作出决策,通过程序实现形式合法、通过全面理性实现实质合法。

其次,在科学决策阶段是对事实问题的判断,难点在于公共利益的论证。以往的误区会认为,公共利益是通过公众参与的模式来实现,相当于本书所指的价值判断问题,也正是因为这种长期以来的误区导致了公共利益的不确定化与虚无化。关于公共利益的问题在政治、哲学领域的研究不断发展,被赋予国家和社会终极目标价值的取舍标准,学者们也将大部分

[1] 参见《重大行政决策程序暂行条例》第 3 条第 1 款第 5 项的规定。同时,制定财政政策、货币政策等宏观调控决策被排除在《重大行政决策程序暂行条例》适用范围以外。

[2] 福利经济学的发展弥补了边沁的不足,为了公共利益而要求的规制应运而生,因此,福利经济学时代也被称为公共利益时代。See Robert L. Rabin, "Legitimacy Discretion, and the Concept of Rights", 92 *Yale Law Journal*. 1174, 1175 (1983).

的研究精力放在了公共利益的界定上。[1] 重大行政决策之所以“重大”，在于公共利益问题及社会风险的重大，而公共利益是一个变动的不确定法律概念，没有统一的模式，立法也无法具体规定。在行政法学中，公共利益却是各种利益的平衡点，是行政法学理论与制度不断完善的内在动力及经济与政治民主内在的驱动力。公共利益的判断在法学中经常被看作价值问题，这也是重大行政决策在科学决策、民主决策与依法决策之间总是陷入一个循环论证而不得解的症结所在。本书认为，公共利益的本质是具有科学依据的事实真相，是一个需要在科学决策阶段进行论证的事实问题。

公共利益事实上是在“政府—市场—社会”三元互动理论的框架内利益关系的选择与实际所取得的结果及成效，这也是政府绩效的重要指标。公共利益的保护或称最大化，无论是在法学、经济学、政治学、社会学、管理学的视野中，都是源于对将政府行为限定在边界之内，这也是“使市场在资源配置中起决定性作用”[2] 为政府行为划清界限的原因所在。因此，在重大行政决策中，复杂的利益诉求主要集中在三个方面：第一，每一项重大行政决策要首先区分“政府—社会—市场”三分理论中所涉及的政府利益、公共利益和私人利益，确定公共利益与重大决策的作出为正比例关系；第二，为达到公共利益最大化的目标，根据三种利益对于决策结果可能产生的影响进行量化，分别归类到支付意愿和接受补偿意愿，并依据大数据手段进行定量分析；第三，对于环境的影响、代际影响、文化古迹的损害等没有进行相应的量化测度纳入决策的分析之中，并根据可能的函数、模型及变量得出的不同结论形成替代性解决方案。重大行政决策逻辑结构如图 1 所示。

---

〔1〕 关于公共利益有很多种表达方式，例如，亚里士多德定义的“共同的利益”，阿奎纳提出的“共同的善”，洛克描述的“人民的公众利益”，休谟论证的“公众利益”的概念。

〔2〕《中共中央关于全面深化改革若干重大问题的决定》中提出“要紧紧围绕使市场在资源配置中起决定性作用深化经济体制改革”；习近平总书记在十九大上依然强调“使市场在资源配置中起决定性作用”。

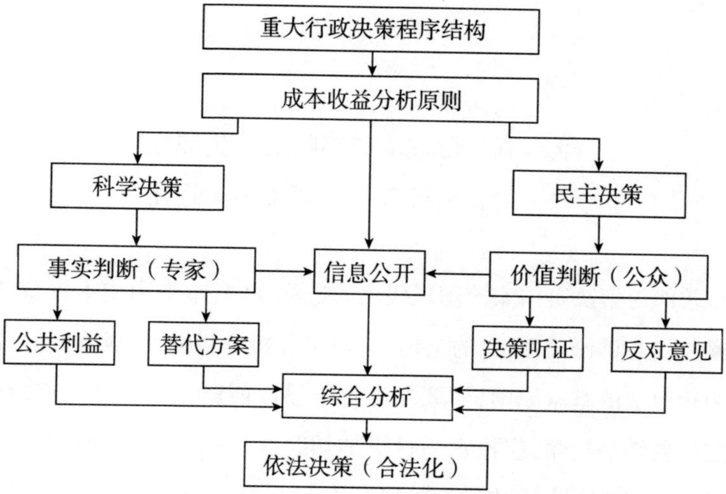

图1　重大行政决策逻辑结构

最后，关于不确定问题的论证。党的十九届四中全会《中共中央关于坚持和完善中国特色社会主义制度、推进国家治理体系和治理能力现代化若干重大问题的决定》已经明确提出对重大行政决策所必须经过的五个程序中的决策风险评估是当下理论和实务的攻坚环节。为了阐释重大行政决策中诸如社会风险、代际利益等不确定问题在行政上的正当性，当下与未来的成本与收益是不具有可比性的，依据成本收益分析的技术，政府需要选择折现率这个技术将未来的价值转化为现值，使决策更加科学。[1] 常用的一种方法为社会折现率，社会折现率是根据不同的项目不同的时期由政府依据税收情况、社会发展状况与现实需要而确定，其主要思想是政策制定者会选择让社会福利最大化。选择的社会折现率太高，对于周期长的决策不利；选择的社会折现率太低，对于周期短的决策不利。折现率制定与选择的过程需要政府官方组织经济学、管理学、会计学、审计学、社会学、法学、政治学、行政学等专业的共同论证，并作为重大决策动态清单，定期

〔1〕 See Cass R. Sunstein, "Incommensurability and Valuation in Law", 92 *Mich L. Rev.* 779, 796 (1994).

评估与更新。

第二节　行政法成本收益分析原则在行政争议解决中的运用

行政纠纷解决是国家治理现代化的进路问题，本书用成本收益分析原则考察复议与诉讼关系，目的是用“大原则分析小制度”。成本收益分析原则作为行政法的基本原则，罗豪才先生很早以前就主张，研究行政诉讼的功能定位要转换视角，应探索一种更加切合实际的理论分析模型，并主张将经济学博弈论引入行政诉讼的研究中。[1] 早在20多年前，我国已有学者就清醒地认识到，行政诉讼要符合成本收益分析的经济规律，提出我国行政诉讼价值包含“效益”价值，“行政诉讼本身要合乎经济效益规律，行政诉讼裁判要在法律允许的前提下，尽量实现经济效益最大化，行政诉讼的根本经济效益则是通过诉讼促使国家的整个经济水平提高，促进经济建设”。[2] 沈岿教授提出了我国行政法应当建立效能原则，并将其作为行政法的基本原则之一应用于司法审查中。[3]

制度的设计必须考虑成本和收益之间的关系，只有这样诉讼的经济效益和社会效益才能体现。利益衡量不能违反法律的明文规定，以实现社会利益最大化为目标，[4]“利益衡量作为一种科学司法方法仍具有一般的应

[1] 参见罗豪才：《行政诉讼的一个新视角——如何将博弈论引进行政诉讼过程》，载《法商研究》2003年第6期。

[2] 刘善春：《行政诉讼价值论》，载陈光中主编：《诉讼法论丛》第2卷，法律出版社1998年版，第741页。

[3] 参见沈岿：《论行政法上的效能原则》，载《清华法学》2019年第4期。

[4] 参见罗豪才主编：《现代行政法制的发展趋势》，法律出版社2004年版，第25页。

遵循的原理”。[1]“行政诉讼的价值是效益、秩序、公正和自由。”[2]近年来，学者们在纠纷解决领域如何适用成本收益分析也有一定的关注，但是，整体上是一个定性意义上价值分析，并不符合成本收益分析定量与定性相结合、事实与价值相分离的本质，并且始终跳不出比例原则的思维方式。例如，复议机关双被告制度的实效评价，有的学者就认为，“若成效与成本之间符合比例原则，那么基本可认为改革是成功的”。[3] 本书认为，这种分析方法是不可取的，成本收益分析是不需要再叠加比例原则的标准的，因为成本收益分析结论的得出，本身就有客观的标准，嫁接比例原则的做法，并没有针对问题的本质解决关键问题，反而带来了更加复杂的问题，不利于科学结论的得出与制度实效的考量。而分析“行政复议双被告”的问题需要辗转曲折从复议纠错率的变化得出制度实效符合设计初衷的结论，完全是一种单纯定性分析的思维，不同于本书所主张的成本收益分析的逻辑思路。下文仅针对“行政复议双被告”制度作一个基于成本收益分析原则的分析。[4]

“行政复议双被告”[5]制度设计的初衷是提高行政机关自我纠错的能力，避免有的复议机关为了规避成为被告而不断维持下级机关的行政行为的效力，进而使复议制度形同虚设。而立法关于确立“行政复议双被告”制度所适用的分析方法事实上是一种成本—有效性分析（或者称为成本—效能分析），这是一种效果分析，因为在这种情况下就无法进行以效率为中心的成本收益分析。“行政复议双被告”制度确立之后，产生了与制度设计初

[1] 甘文：《行政与法律的一般原理》，中国法制出版社2002年版，第150页。

[2] 刘善春：《行政诉讼价值论》，载陈光中主编：《诉讼法论丛》第2卷，法律出版社1998年版，第732页。

[3] 俞祺：《复议机关作共同被告制度实效考》，载《中国法学》2018年第6期。

[4] 需要说明的是，本书所称的成本收益分析原则是一个集合性的概念，包括所有的关于成本与收益的利益衡量方法，不再做关于成本收益分析各种技术的细致划分。

[5] 我国《行政诉讼法》第26条规定：“经复议的案件，复议机关决定维持原行政行为的，作出原行政行为的行政机关和复议机关是共同被告；复议机关改变原行政行为的，复议机关是被告。”本书简称“行政复议双被告”。

衷与成本收益分析原则相违的效果。这些反向效果主要集中在制度内与制度外两个层面。

首先,就制度内层面而言,法院需要应对二元审查对象,即同时审查原行为和复议决定,而就行政机关而言,行政机关是一体化的,行政系统处理同一个纠纷,无论是维持还是改变,复议决定都是行政机关的最后决定,因此,从效率方面考量,直接由复议机关参加诉讼即可,二者无须共同参加诉讼而增加应诉成本。

其次,就制度外层面而言,"行政复议双被告"制度的确立有三点成本增加而无收益而言。一是增加了管辖成本,"行政复议双被告"促使审判体制改革管辖,增加成本。二是增加了人员成本,法院案多人少的矛盾将可能继续增加,容易增加法官案件审理的压力。三是增加了制度排斥成本。复议与诉讼两个行政纠纷解决最重要的制度之间可能无法形成合力,不利于复议与诉讼制度的衔接,从而产生更多的成本。

然而,仅对上述列举的成本与"行政复议双被告"带来的收益进行比对,通过定性分析的方法很难得出科学的结论,那么这些反向的效果是否意味着"行政复议双被告"制度的确是需要立法予以修改呢?实务部门的评价是新修改的行政诉讼法关于共同被告的规定,使复议机关要投入精力到诉讼案件中,增加了复议机关的应诉负担,直接影响复议机关办理复议案件,浪费了行政资源,最终也影响了公共利益。[1] 有的行政法学者认识到,运用成本收益分析"行政复议双被告"制度的重要性,也认真罗列了各项成本和收益予以比对,通过依据价值重要性的定性分析逻辑得出结论。[2] 但是,文章整体的思路还是定性分析的思路,更多是关于哪个更重要的偏好的表达,既没有对复杂利益关系给予定量分析与定性分析相结合的思路,也没有找到"行政复议双被告"和"复议机关为被告"两种制度之

〔1〕 张祥安:《完善行政诉讼法共同被告制度》,载《人民法院报》2016年4月9日,第5版。
〔2〕 参见王青斌:《反思行政复议机关做共同被告制度》,载《政治与法律》2019年第7期。

间的客观化的区分，更不是本书所主张的成本收益分析原则的分析逻辑。下文将根据立法修改中的 WTP 和 WTA 的逻辑关系，通过建立定量分析的模型与定性分析相结合而得出科学的结论。

从“行政复议双被告”制度选择逻辑看，“行政复议双被告”和“复议机关为被告”各有利弊，所谓两者之间的选择，从本质上说是因为“效率”与“效果”问题之间发生的冲突所导致的疑惑，在这种情形下，通过建立成本收益分析模型（分析模型如图 2 所示）的方式更加具有客观性与直观性。从图 2 的分析模型可以看出，U_0和 U_1是无差异曲线，代表两种完全可以替代的制度，即“行政复议双被告”和“复议机关为被告”，接下来我们需要分析的是两者的可替代性有多强，立法修改的可行性有多高。横轴的“F”代表积极的影响，纵轴的“I”代表可行性价值的高低。第一种思路是，当“I”一致时，U_1斜率大于 U_0，表示可行性价值“I”越高时，积极影响“F”的价值越高，结论是两种制度是可以任选一种的。第二种思路是，在 U_0上，当初始点 A 移到 C 点时，“I_0”移到 I_1，积极影响“F”从 F_0增加到 F_1，但可行性价值减少了（$I_0 - I_1$），即产生愿意为制度的改变付出的成本（WTP）；在 U_1上，以 B 点为初始点，此时修改有积极影响的“F”移向 F_1，当移动到 D 点时，放弃了部分“积极影响”（$F_1 - F_0$），但“可行性价值”得到了补偿（$I_2 - I_0$），即产生修改的收益（WTA）。WTA 大于 WTP，因为 U_1斜率大于 U_0。也就是说收益大于成本，制度修改的差异性明显，立法修改具有可行性。在这个分析模型中可以清晰地表述一个问题，立法修改（双被告修改为单被告）的可行性（分流诉讼压力，助推行政复议为主渠道），以纵轴上 I 的价值变化所产生的 WTA 与 WTP 之间的关系决定是否应当进行立法修改的问题。结论是，WTP 和 WTA 之间存在差异越大，立法修改的区别越大，越有修改的必要。如果现存立法环境使立法修改完全没有可替代品，那么二者之间的差异将是无限的。因此，通过定量化的模型研究，可以很客观地看到立法修改成本与收益之间的关系，结论也很容易推导出来，只要数据是精准的，那么结论一定是科学的。这种分析方法比单纯罗列什么是成本、什么是收益然后再作定性分析要更客观且直观，这也是成本收益分析原则在行政法中运用的优势。

关于技术性问题的选择需要强调的是，因为成本收益分析的技术有很多种，所以并不是一个模型会适用于所有的领域。在量化技术借鉴的过程中，首先，要清楚认识到要分析的问题要素之间的逻辑关系；其次，要具有经济学、法学、政治学等专业背景的共同考量；再次，带入数据要具有权威且准确性；最后，在法学中的结论，一定要与定性分析相结合才能使结论具有科学性及可接受性。

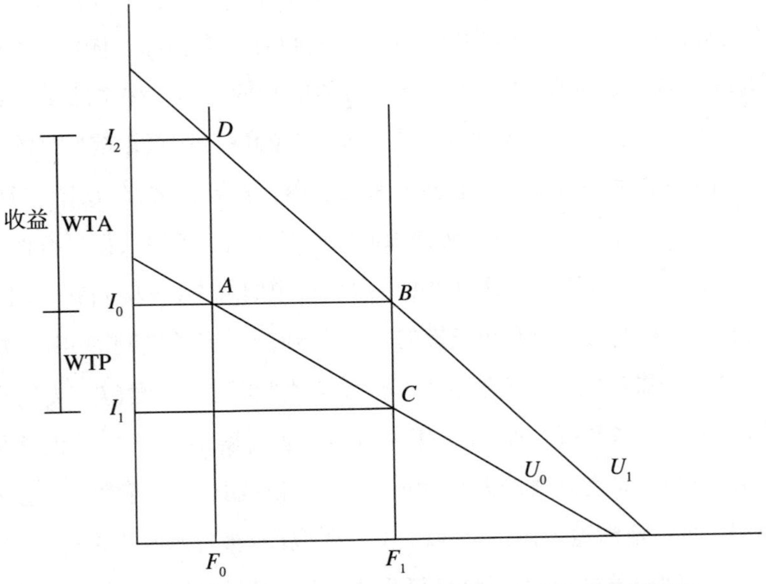

图 2 "行政复议双被告"制度修法选择的成本收益分析模型

第三节 行政法成本收益分析原则在风险规制中的适用

预防原则是一项法的"原则"，限制风险必须优先于其他考虑因素，例如，成本甚至潜在利益的大小。预防原则以其强有力的形式对不确定的未来损害采取预防措施，类似强硬的权利保护理论，假设成本是确定的，收益是不确定的，它建议政府采取极端程度的规避健康、安全风险以及环境风险的行动。[1] 同时也有学者批判，减少一种风险可能反过来增加其他风险，因为风险与风险之间存在平衡。[2]

预防原则一般只适用于环境政策，但欧盟法院对其给予了更广泛的适用。欧盟委员会对这一原则作出了谦抑的解释，尽管由于不采取措施可能造成的伤害的结果是不确定的，但是监管仍是被保证的。如果不采取任何行动，危害可能是严重和不可逆转的，而且正在进行的研究可以随着时间的推移纠正现行政策中的缺陷。这种解释似乎与传统的成本收益分析一致，后者也不要求将确定性作为采取行动的先决条件。[3] 然而，欧盟的法律和政策制定尚未就一个明确的统一定义达成一致。[4]

明确"风险"是什么意思，在讨论预防性政策的过程中是非常重要的。这些危害本身是不确定的，还是人们担心政策制定者可能忽视真正的危害？这些书中分析的风险包括食品安全、空气污染、有害物质、消费品风险、医疗差错、恐怖主义等。这些问题中的大多数都是现实中无法消除的问题。大多数风险并非百分之百确定会对任何特定个人造成伤害，尽管它们肯定会伤害统计数据上的人数。例如，烟草会导致许多人过早死亡，但没有一个吸烟者肯定会过早死亡。因此，从某种意义上说，从社会层面来说，吸烟和许多其他危害根本没有风险。但是，它们肯定会对某些人造

---

〔1〕 See Giandomenico Majone, "Political Institutions and the Principle of Precaution", in Wiener et al., eds. *The Reality of Pre-caution*, p. 411.

〔2〕 Cass Sunstein, *Precaution against What? Perceptions, Heuristics, and Culture*, in Wiener et al., eds., p. 492.

〔3〕 See Paul Craig, *EU Administrative Law*, chapter 19, Oxford: Oxford University Press, 2007. See Joanne Scott, "European Regulation of GMOs and the WTO", 9 *Columbia J. of European Law* 213 (2003).

〔4〕 Lucas Bergkamp and Turner T. Smith, Jr., *Legal and Administrative Systems: Implications for Precautionary Regulation*, in Wiener et al., eds., p. 434.

成伤害。不确定性只存在于受害者的确切数量和身份。这些书中研究的大多数风险都是这种类型的,而不是微小但灾难性的风险,比如,小行星撞击地球,这一事件很可能永远不会发生;但如果发生了,那将是一场灾难。

风险分析的运用以健康、安全和环境规制要求最深入,一般遵循以下两个步骤:

第一步是确定是否符合风险诱因。当风险足够严重以至于成为可适用的法条下的规制依据,风险诱因就具体化了。它以举证责任的形式运行,政府机构必须符合举证责任的要求从而达到规制危险的目的。尽管政府机构必须证明对公众或环境的风险已经超过了一定的标准,但规制者必须被授权从而能够基于预期的危害采取行动。

第二步是通过法定的标准确定规制的水平。法定的标准是不同的,但是实践中几乎从未通过选择成本收益方法确定规制的水平。只有9%的健康、安全和环境法规依据成本收益方法并将其作为法定标准。

这两个步骤显示作为社会重点的健康、安全和环境规制的重要性。[1]风险诱因使基于风险预期的规制成为可能,而不是要求风险将会发生的结论性证据。法定标准允许规制超过成本收益方法所确定的程度。因此,规制目的反映了保护人类和环境的义务。

在最广泛的水平上,实用主义的规制影响分析目标是执行该规范性的承诺。相较而言,成本收益分析支持一个完全不同和不一致的规范性承诺,即通过分析平衡成本与收益的规制的水平从而实现经济效益的最大化。在实用主义背景下,可替代方案是更加合适的。

实用主义可替代方案也用了实用主义方法逻辑的原理。问题导向的目标是识别并且分析在不同风险诱因和法定标准情形下所产生的特定问题,包括那些与法定标准的规范性命令相关联的问题,以及与使这些问题

---

〔1〕 42 U. S. C. § 7411(b)(1)(A)(2000),pp. 51 – 52.

服从于推论式分析相关的争议、与以易懂的方式行事相关的问题。实用主义的规制影响分析将会依据法规中每一种标准讨论规制方案的潜在影响,并且它将会确定这些标准是如何平衡的相关论据。以成本收益分析为核心的规制影响分析对于这些问题的解决方案是毫不相关的。依靠开放式平衡的规则不要求使用成本收益方法确定规制的正当性。相反地,政府将成本纳入考虑范围,并且根据成本和其他因素决定采取保护的程度。

第四节 行政法成本收益分析原则在必要性测试分析中的运用

成本收益分析原则不仅在国内法层面得以运用,也在全球治理层面渐渐形成规范化的体系,并与国际法、国家法相结合,渐渐在跨国行政法领域得以适用。成本收益分析在关于卫生和植物检疫的《SPS 协议》与关于技术性贸易壁垒的《TBT 协议》中的必要性测试分析中的应用较为典型。

一、《SPS 协议》中必要性测试文本分析

随着经济全球化的快速发展,国际贸易愈加频繁,对于贸易自由化的要求也越来越高,食品安全问题逐渐演变成国际化问题,然而世界范围内各种食品安全问题迭起,各国为了保障生命健康以及食品安全而采取了相应的必要措施,但这些措施在发展中逐渐暴露缺陷,将原本的好意异化成了自由贸易壁垒,被部分国家和地区用作贸易保护主义手段,成为盛行于国际农产品和食品贸易中的主要技术性壁垒之一,阻碍国际贸易发展。乌拉圭回合之前,直接关涉《SPS 协议》的关税贸易总条款是《关税及贸易总协定》(General Agreement on Tariffs and Trade,GATT)的第 20 条(b)款,《SPS 协议》就是在过于原则化、抽象化、要求不具体,无法满足国际贸易中

产生的各类纠纷的背景下产生的。在维持了保护人类生命健康和食品安全的原意下,《SPS 协议》认可了 WTO 各成员采取《SPS 协议》的权利,但否定了采取歧视性方式的做法,主张应当尽量降低对自由贸易的限制,不得变相限制国际贸易,协调平衡推进贸易自由化与保护食品安全、公共健康之间的关系。

《SPS 协议》第 2.2 条、第 5.6 条两条规定体现了该协议的适度保护原则,以免对国际贸易造成过多的阻碍。第 2.2 条属于《SPS 协议》对于科学证据原则的定义表述,也是整个协定的主线,在《SPS 协议》所建立的食品安全机制中拥有基石地位。科学证据原则的引入,划定了 WTO 各成员方制定、实施一系列食品安全措施合法与否的界线;通过统一的科学概念和方法来界定食品的致害风险,以此减少了进出口两国间的认知差异,最终达到协调各方安全措施的目的。第 5.6 条细化了适度保护原则,它要求 WTO 各成员方通过科学的食品安全风险评估,确定自身要达到的适当保护的水平,并在这个基础上制定符合本国(地区)实际情况的食品安全措施。

《SPS 协议》的宗旨是期望通过一系列规则的设定,建立针对《SPS 协议》措施制定及实施的多边法律框架,在改善 WTO 各成员方民众生命健康、动植物卫生状况的同时,确保将措施的贸易限制性降到最低。这就表明,对于 WTO 各成员为实现正当目标而实施的《SPS 协议》措施,协议是认可的,只不过这些措施应当符合协议的一系列要求,在协议的框架内实施。

二、相关重要条文分析

(一)《SPS 协议》第 2.2 条的分析

《SPS 协议》第 2.2 条规定:"各成员应保证任何卫生与植物卫生措施仅在为保护人类、动物或植物的生命或健康所必需的限度内实施,并根据科学原理,如无充分的科学证据则不再维持,但第 5 条第 7 款规定的情况除外。”[1]该条款所规定的义务体现了《SPS 协议》的一个非常重要的原则，即科学证据原则。由该条款具体来看，实施《SPS 协议》措施必须要满足五个要件：第一，实施目的是保护人类、动物或植物的生命或健康；第二，实施范围在保护人类、动物或植物的生命或健康所必需的限度内；第三，实施根据是以科学原理为依据；第四，在无充分科学依据的条件下不再维持；第五，实施例外是存在第 5 条第 7 款规定的情况。

从这五个要件中可以看出，WTO 成员方在实施和维持《SPS 协议》措施时，不能根据没有必要性和不重要的科学证据。但在《SPS 协议》的规定中对于“科学原理”及“充分的科学依据”的概念以及范围并未作明确的规定，这在一定程度上会在实践中引起争议，因为一个原理或者依据是否符合科学的要求是很难界定的，科学家们在很多观点上或多或少都会有自己的立场和言论，WTO 成员方完全可以根据自己的实际情况选取支持它的科学原理与证据，这样一来，WTO 成员方就可以自由为自己实施或维持的《SPS 协议》的措施进行辩解，这会大大削弱《SPS 协议》第 2.2 条规定的刚性。由于其中存在的弹性，在判断某项动植物检疫措施与科学依据的关系是否满足充分性、比例性时，就需要根据涉及个案的具体情况进行分析。

美国控告日本对于进口水果“品种测试案”是关于《SPS 协议》第 2.2 条规定的典型案例，虽然争端解决机构的裁决具有很强的个案性，并不能普遍适用，但其对《SPS 协议》措施的裁决具备先例约束效力，在实践中可以为相似个案的裁决提供参考。日本为了防止苹果蠹蛾随进口水果进入国内从而对日本自己的农业造成损害，所以禁止了包括苹果、樱桃和桃在内的 8 种农产品的进口，并同时规定，当出口国能够使本国对植物卫生的保护措施满足和进口禁令同等的保护水平时，即可允许该国的水果出口日本。然而日本提交所有证据之后，专家组认为，没有足够的证据证明农产品设置的品种测试与争议的《SPS 协议》措施及证据之间存在合理的实质

[1] 《SPS 协议》第 2.2 条规定。

关系。专家组及上诉机构对科学证据的充分性和比例性进行了论证,也就是要证明《SPS 协议》措施和科学证据之间需要具备一种合理客观的联系,以此得出的结论是日本的进口禁令不是根据充分的科学证据制定的。大陆法系学者试图适用比例原则去做“科学证据”的阐释,结果失败了。

（二)《SPS 协议》第 5.6 条的分析

《SPS 协议》第 5.6 条规定:“在不损害第 3 条第 2 款的情况下,在制定或维持卫生与植物卫生措施以实现适当的卫生与植物卫生保护水平时,各成员应保证此类措施对贸易的限制不超过为达到适当的卫生与植物卫生保护水平所要求的限度,同时考虑其技术和经济可行性。”[1] 此条款是对 WTO 成员采取某项检疫措施的限制性规定,包括风险评估和确定适当的卫生与植物卫生保护水平。[2] 实行统一的《SPS 协议》措施,有利于 WTO 各成员方在国际进出口贸易中在检疫措施方面达成一致。第 5.6 条第 6 款中“确定适当保护水平”时需要进行风险管理。[3] 《SPS 协议》中对风险评估分为两点:一是评估生物学影响和经济影响;二是评估采取保护措施的经济可行性和水平设置的成本收益。[4] 运用成本收益分析进行必要性测试的重要环节在于,是否可以找到合理的可替代措施来确定对贸易的限制程度是否合理。在日本水果品种测试案中,美国诉日本制定外国进口水果试行检测准则违反了《SPS 协议》,限制农产品进口,禁止未经品种测试

---

〔1〕《SPS 协议》规定:“适当的卫生与植物卫生保护水平”是指制定卫生与植物卫生措施以保护其领土内的人类、动物或植物的生命或健康的成员所认为适当的保护水平。保护水平过高,会对产品的进口形成阻碍;保护水平过低,达不到保护人类与动植物生命和健康的目的。《SPS 协议》的注释称,许多成员也称此概念为“可接受的风险水平”。

〔2〕参见漆彤:《〈实施卫生与动植物检疫措施协议〉及相关争端解决案例评析》,载《法学评论》2003 年第 1 期。

〔3〕风险管理在此是指为降低由风险评估报告所认定疫病、虫害的潜在危害,对拟采取适当措施所进行的利弊分析与决定程序。各国政府所采取的适当措施通常依不同议题的性质、内涵及成本等因素而有差异,可能采取措施的类型包括:(1)同意进口;(2)有条件进口,限制条件可包括列入检疫项目、检疫加注、检疫处理、产品起源及产期限制等;(3)禁止进口等。

〔4〕参见秦天宝、陈萍:《国际贸易中风险预防原则的适用问题研究:结合 WTC/SPS 协定及案例的考察》,中国法学会世界贸易组织法研究会二〇〇七年年会论文集,2007 年 11 月。

的水果进口。[1] 在该案中专家组及上诉机构发展出三叉测试的方法来判断有关措施是否违反《SPS 协议》第 5.6 条规定，“若存在其他替代的 SPS 措施符合下列三项要件，则原措施将被认定超过该成员所设适当保护水准所必要的对贸易的限制：首先，在考虑技术和经济可行性之下合理可用；其次，可达到成员要求的适当《SPS 协议》保护水准；最后，明显地具有较原措施为低的贸易限制效果”。[2] 其中，可替代措施需要由上诉方提出。虽然该案日本败诉，但是专家组认为美国所提出的可替代措施并不合理。

目前，转基因食品的安全性尚未有科学依据证实，但也没有明确的检验能证实其对人体健康有害，可以运用上述方法来分析我国转基因食品的贸易限制，即由于食品直接影响人们的身体健康，且转基因植物的种植势必会影响传统植物的种植，其广泛传播带来的影响难以估量。国际上对此采取预防原则，较严格地限制进口。《卡塔赫纳生物安全议定书》规定转基因食品标识为预防原则，而非科学依据原则。[3] 从允许转基因食品进口的成本来看：由于转基因食品有未知风险，此类食品标识需要醒目的汉字提醒，需要提供给消费者较全面的信息，政府的监管成本高；而直接的收益即经济价值相对较低，但利于我国国际贸易的信誉建设，以及与他国积极进行贸易往来。此外，《SPS 协议》第 5.6 条必要性测试中对原告的举证责任要求较高，现实中原告提出可替代措施的难度较大，这一规定在一定程度上有利于贸易进口国。

---

〔1〕 1987 年，日本农林渔业省制定了两部试行检测准则：《取消进口禁令准则——熏蒸》和《昆虫死亡率比较测试准则——熏蒸》，其中规定的“品种测试要求”规定对产品的每一品种进行测试合格后方能输入日本，获得不同品种水果进入日本市场的批准程序可长达几年时间，导致各国新品种水果无法于短期内出口而蒙受市场损失。

〔2〕 See WTO Doc. WT/DS18/AB/R, para. 194, WT/DS76/AB/R, para 95: We agree with the Panel that Article 5.6 and, in particular, the footnote to this provision, clearly provides a three-pronged test to establish a violation of Article 5.6. As already noted, the three elements of this test under Article 5.6 are that there is an SPS measure which: (1) Is reasonably available taking into account technical and economic feasibility; (2) achieves the Member's appropriate level of sanitary or phytosanitary protection; and (3) Is significantly less restrictive to trade than the SPS measure contested.

〔3〕 周超：《国际法框架下我国转基因食品标识制度的完善》，载《求索》2016 年第 6 期。

(三)《SPS 协议》必要性测试的步骤

1. 必要性测试产生的背景

“为防止 WTO 各成员滥用食品卫生与动植物检疫措施,故意构建贸易技术壁垒,WTO 在乌拉圭回合谈判中制定通过了《SPS 协议》,主旨是改善世界农产品贸易的出口环境,使各成员可以在一个平等、公平的市场环境中进行国际竞争。”[1]因此,为了调和“贸易自由”和“营造良好卫生环境”两项价值的矛盾,《SPS 协议》拟对 WTO 成员所采取的卫生措施进行规制,规制途径是对卫生措施进行“必要性测试”。“各国为预防控制卫生与环境风险而实施的《SPS 协议》措施须符合科学依据、基于风险评估、国内规章一致性、最小限制贸易、依据国际标准、‘同等对待’、‘程序合法性’、‘禁止各国间任意的或不合理的歧视’、‘透明度’等原则。”[2]

2. 必要性测试的三步法

第一步,适当性(suitability)评估。这一步的目的是判断目标与措施之间是否存在客观联系、合理联系,并且该措施是否因有助于目标的实现而具有适当性,即考虑采取的风险防范措施的直接目标是否为追求合法的卫生环境;采取的卫生措施是否有可靠的科学依据,能够有效地保护人类健康、防范疾病风险。首先,要判断成员方的目的是否正当,采取的限制贸易措施是否旨在防止某种疾病进入其境内。其次,还应当通过风险评估判断成员所采取的卫生措施是否可行且有效。风险评估的内容应当包括:

首先,评估某种疾病可能造成的社会和经济影响(经济影响包括:由于病虫害输入、寄居或传播造成的产销损失的潜在损害;在进口成员领土内

---

〔1〕 孙新涛、沈建国、周先治、林乃铨:《〈SPS 协定〉对两岸经贸合作的影响及对策》,载《江西农业学报》2011 年第 12 期。

〔2〕 龚向前:《欧美 SPS 协定风险规制之合法性审查与 WTO 的回应》,载中国法学会世界贸易组织法研究会二〇〇七年年会论文集,2007 年 11 月,第 524 页。

控制或根除病虫害的费用)。其次,评估该种疾病通过贸易进入成员方境内的可能性(表明有关特定产品的特定接触与发病率和死亡率之间的因果联系,并提供科学且充分的证据)。最后,判断该风险防范措施是否有效可行:评估在采取卫生措施后这一疾病进入的可能性,同时综合该成员的技术、经济和行政背景考虑该措施的可行性。[1]

第二步,必要性(necessity)评估。这一步的目的则在于借助"最小贸易限制"原则和国际标准,判断采取的卫生措施对于贸易的限制是否超过必要的限度,即是否存在负面影响更小的等效替代措施。首先,成员方应当认可或接受国际卫生检疫标准,并在评估卫生措施是否超出限度时将国际标准作为参考。当然,在有必要采取更加严格的标准的情况下,可以采用更公正、更科学的国内标准。其次,当符合以下三个构成要件时,上诉机构认为存在影响更小的等效替代措施:

首先,存在技术上和经济上可行的其他措施;其次,该其他保护措施可以达到与现行措施相类似的保护程度;最后,采用该其他措施对贸易的限制作用大大小于已经采取的措施。[2]

第三步,符合狭义比例性(stricto sensu proportionality)判断。这一步则是判断采取的卫生措施对于贸易造成的不利影响是否符合狭义比例原则,涉及了"促进国际贸易"与"公共卫生和环境保护"两项价值相对重要性的权衡。

在具体情况下,"促进国际贸易"和"公共卫生和环境保护"两项利益可能处于对立冲突的状态,这时候就需要进行非科学性的价值判断,综合各方面因素衡量两项目标各自的权重,从而判断为了保护公共卫生环境而对贸易自由作出的"牺牲"是否值得。

---

〔1〕 参见龚向前:《欧美 SPS 协定风险规制之合法性审查与 WTO 的回应》,载中国法学会世界贸易组织法研究会二○○七年年会论文集,2007 年 11 月,第 524 页。

〔2〕 吴俊洁:《SPS 协定中检疫措施的限度标准》,载《消费导刊》2009 年第 1 期。

三、《TBT 协议》中的必要性测试分析

(一)《TBT 协议》必要性测试概述

TBT 全称为《技术性贸易壁垒协议》,是世界贸易组织管辖的一项多边贸易协议,是在《关贸总协定》东京回合同名协议的基础上修改和补充的。协议对成员中央政府机构、地方政府机构、非政府机构在制定、采用和实施技术法规、标准或合格评定程序分别作出了规定和不同的要求。其宗旨是规范各成员实施技术性贸易法规与措施的行为,指导成员制定、采用和实施合理的技术性贸易措施,鼓励采用国际标准和合格评定程序,保证包括包装、标记和标签在内的各项技术法规、标准和是否符合技术法规和标准的评定程序不会对国际贸易造成不必要的障碍,减少和消除贸易中的技术性贸易壁垒。[1]

《TBT 协议》中的难点在于如何平衡国际贸易自由化与国内合法政策目标二者之间的价值冲突。必要性测试在《TBT 协议》之中起到平衡作用。而必要性测试主要是以成员方某一技术性措施是不是实现其追求的政策目标所“必要的”作为标准,是审查该措施与其追求的目标之间的关系,来认定一项措施是否符合《TBT 协议》相关义务和规定的过程。技术法规必要性测试的理论依据是比例原则,其基本内涵是手段与目的之间的关系必须适当,客观采取的措施与主观欲达到的目的要成合理比例,国家如果基于公共利益的需要不可避免地将限制人民权利与自由时,则应采用对人民权益损害最小的措施。比例原则主要是说明,在将采取的手段和将实现的目的之间,应该有合适的比例。这里需要说明的是,适当性,必要性及狭义比例性外表看似比例原则的思路,其实关于科学问题的阐释实质上是成本收益分析的逻辑思路,这一点极具迷惑性。

---

〔1〕 参见《TBT 协议》简介,载 https://baike.baidu.com/item/技术性贸易壁垒协议/7141023?fr = aladdin,最后访问日期:2020 年 7 月 22 日。

（二）必要性测试的合法目标

《TBT 协议》第 2.2 条共 4 小句：第一句提出了一般性原则，要求成员方制定、通过或实施技术措施的目的合法，即不是“为了或产生对国际贸易造成不必要障碍的效果”；第二句要求为了实现前句的目的而采取的行为须满足一般性原则，规定了采取的相关技术措施可以容忍的对贸易限制的程度和范围，同时应考虑措施无法达到预期目标的风险；第三句、第四句对具体合法目标和应考量的风险作了“除他之外”（*inter alia*）的非排他性列举。

《TBT 协议》允许成员方为满足国内治理而采取的相关技术措施，但指出其采取的相关技术措施必须是“对自由市场和私人财产权的约束本身具有合法性”，[1] 且不能对国际贸易产生不必要的障碍。《TBT 协议》第 2.2 条指出“技术规制对贸易的限制不应超过实现合法目标所必需的程度，而且需考虑到不实现的风险”。[2] 同时，该条款对措施所追求的目标作了明确列举，包括“国家安全要求，防止欺诈行为，保护人类健康或安全，保护动植物生命或健康以及环境保护”，[3] 并将其作为积极义务条款的必要性测试。[4] 条款对合法目标的列举并不是完全排他性的表述，只是为国家采取措施和司法审判提供参考方向，即针对任何足以危害所列事项的行为或某行为与所列事项具有本质密切的联系，国家都可以采取必要措施进行干预，并且司法也会倾向于支持国家的相关合理举措。

《TBT 协议》对五类“合法目标”作了列举，但司法实践中对于技术措施是否满足所列举的情形的裁量没有明确的标准，因此目标是否合法也是诸多案件的争议焦点。例如，在美国金枪鱼案中，美国要求墨西哥对出口

---

〔1〕 安佰生：《论技术壁垒的实质》，载《中国标准化》2017 年第 1 期。

〔2〕 参见《TBT 协议》第 2.2 条。

〔3〕 Jun, S., “From balance to Unbalance: The Necessity Test under the TBT Agreement”, *Journal of WTO and China*, 2013, 3:4, p. 7.

〔4〕 左文君：《涉 TBT 协议案件关于技术法规的裁决标准及其影响》，载《江西社会科学》2015 年第 1 期。

的金枪鱼贴标签向消费者提供货源信息并且排除自身伤害海洋生物（海豚）的嫌疑的技术措施并不直接属于《TBT 协议》所列举的“合法目标”，但向消费者提供货源信息可以避免交易中的欺诈行为，同时排除美国对海洋生物的生命或健康造成威胁，因此得到了 WTO 的支持。[1] 此外，经过欧共体沙丁鱼一案，对成员方技术措施目标的“合法性”的判断和审查成为对国内措施必要性检验的前提，并得到了 WTO 专家组和上诉机构的一致认可。

（三）国际标准问题

国际标准是《TBT 协议》中必要性测试的重要判断标准之一。《TBT 协议》第 2 条第 5 款体现了国际标准对必要性判断的重要作用，第 2 条第 6 款也鼓励成员方积极参与国际标准的制定。对国际标准的运用主要体现在第 2 条第 4 款中，“如需制定技术法规，而有关国际标准已经存在或即将拟就，则各成员应使用这些国际标准或其中的相关部分作为其技术法规的基础，除非这些国际标准或其中的相关部分对达到其追求的合法目标无效或不适当，例如由于基本气候因素或地理因素或基本技术问题”。[2] 综合条款本身和相关案例来看，本书认为对于国际标准适用遵循的框架为：首先，是否为条款所认定的“已经存在或即将拟就的相关国际标准”；其次，该国际标准或其中的相关部分是否可作为技术法规的基础；最后，考察该标准或其中的相关部分与所追求的合法目标之间的关系。

（四）必要性标准

《TBT 协议》第 2 条第 2 款的规定主要说明了必要性测试的必要性标准，规定如下：“各成员应保证技术法规的制定、采用或实施在目的或效果上均不对国际贸易造成不必要的障碍。为此目的，技术法规对贸易的限制不得超过为实现合法目标所必需的限度，同时考虑合法目标未能实现可能

---

〔1〕 谢霏：《〈TBT 协定〉中的必要性测试法律问题研究》，西南政法大学 2016 年硕士学位论文，第 9 页。

〔2〕 参见《TBT 协议》第 2.3 条。

造成的风险。”[1]此类合法目标特别包括:国家安全要求;防止欺诈行为;保护人类健康或安全、保护动物或植物的生命或健康及保护环境。在评估此类风险时,应考虑的相关因素特别包括:可获得的科学和技术信息、有关的加工技术或产品的预期最终用途。可以看出这一条款为必要性测试的合法性设定了如下标准:技术法规不得给国际贸易造成不必要的障碍。

何为必要？可分为以下三个标准:首先,应该判断该法规对于目的的实现是不是不可或缺的,即如果不采取此项措施就会对目标的实现带来极大限制,甚至不能实现目标,也就是具体措施对目标实现的贡献度问题,此点又不仅可以从理论方面分析,更重要的是可以从实践效果看出;其次,判断该法规所要实现的利益是否大于其所带来的成本,在这项标准中又需要对于目标未能实施所带来的风险进行评估,而《TBT 协议》第 2.2 条中也列出了指导性的评判标准,如果该措施已经通过了贡献度标准的评判,可以推导出所要实现的政策目标越重要,此项法规就越容易通过必要性测试,而与必要性测试的宗旨即保护贸易自由、减少贸易壁垒相比,一些旨在保护人类生命健康安全的法规显然更容易被接受为符合必要性标准;最后,判断在能够达到与待审查法规相同目的的方法中是否有对于世界贸易产生更小影响的替代性措施。例如,美国市场对于“海豚安全”标签的敏感度较高,消费者通常基于此标签选择产品,因此墨西哥大多数的金枪鱼及其产品被排挤出美国市场。[2] 美墨双方争议点之一就是美国的措施是否超过了必要限制。

有关《TBT 协议》第 2 条第 2 款中“贸易限制”的概念问题。WTO 专家组认为,“首先谈到的问题是什么构成了‘贸易限制’。墨西哥争辩说包括强加任何进口限制的形式,进口歧视或者否认进口竞争机会的措施是具有‘贸易限制’的措施,美国同意墨西哥关于一种措施强加给进口限制或歧视

---

[1] 参见《TBT 协议》第 2.2 条。

[2] G/TBT/D/32, Request for Consultations by Mexico, United States-Measures Concerning the Importation, Marketing and Sale of Tuna and Tuna Products, para. 3.

的措施将符合‘贸易限制’措施的定义。我们也同意这种见解”。[1] 由此可见,美国确实对于墨西哥金枪鱼进入美国市场设定了限制。

而关于必要性问题,美国的目的是保护海豚,使用的手段是根据美国《海豚保护消费者信息法》制定了一项适用于金枪鱼及其制品的“海豚安全”的标签制度,因为该标签是保护海豚的唯一标识,所以可以通过激励消费者购买带有此标识的金枪鱼制品,而使没有标识即不符合使用保护海豚的方法捕捞的金枪鱼失去市场,从而使其采用保护海豚的方法捕捞金枪鱼。专家组判断美国的手段是否超过必要性是通过将举证责任推给墨西哥,要求墨西哥举证证明存在能够达到目标而对贸易限制更小的替代性方法,这种思路其实也是成本收益分析逻辑。

四、两个协议中必要性测试的共性

《TBT 协议》与《SPS 协议》同在 WTO 的制度框架下,《TBT 协议》必要性测试主要是基于国际贸易自由化与国内合法政策目标价值之间的选择;《SPS 协议》必要性测试的难点则是平衡贸易自由与营造良好卫生环境价值选择。当涉及政策多方面的权衡,综合考虑多方面因素才会使各国利益最大化,达到经济高效的目的,虽然也设计了比例原则的运用,但是《TBT 协议》与《SPS 协议》中都实际上在运用成本收益分析原则。

《TBT 协议》第 2.2 条指出“技术规制对贸易的限制不应超过实现合法目标所必需的程度,而且需考虑到不实现的风险”。《SPS 协议》第 5 条第 1 款规定:“各成员应保证其卫生与植物卫生措施的制定以对人类、动物或植物的生命或健康所进行、适合有关情况的风险评估为基础,同时考虑有关国际组织制定的风险评估技术。”从以上两条规定可以看出:首先,《TBT 协议》与《SPS 协议》都规定在风险评估下制定措施,否则此项措施

---

[1] Panel Report, US—Tuna Ⅱ (Mexico), para. 7.455.

的科学性、合理性是应受质疑的;其次,进行风险评估时要考虑所获得的科学依据,同时考虑国际组织制定的风险评估技术。

至于如何进行风险评估,《SPS 协议》第 5 条第 3 款作出了规定:“各成员在评估对动物或植物的生命或健康构成的风险并确定为实现适当的卫生与植物卫生保护水平以防止此类风险所采取的措施时,应考虑下列有关经济因素:由于虫害或病害的传入、定居或传播造成生产或销售的潜在损害;在进口成员领土内控制或根除病虫害的费用;以及采用替代方法控制风险的相对成本效益。”《TBT 协议》规定在评估风险时,要考虑“现有的科学和技术资料、有关的加工技术或产品的预定最终用途”等有关的因素。

从以上规定可以归纳出《TBT 协议》与《SPS 协议》必要性测试中风险评估时需考虑的因素包括:第一,政策所带来的风险;第二,政策所消耗的费用;第三,替代性政策的相对成本收益。这些因素体现了立法者所追求的经济效益和对政策的成本与收益的权衡。

《TBT 协议》与《SPS 协议》必要性测试中运用的风险评估实际为成本收益分析原则的精神体现,以下归纳对《TBT 协议》与《SPS 协议》共同适用的成本收益分析原则的框架,分为以下四个步骤:

第一步,目的评估。必要性测试是为了促进国际贸易自由化,减少和消除贸易中的技术性贸易壁垒,在实际操作中多运用成本收益分析的分析逻辑。

第二步,收益分析。收益分析包括风险评估与收益评估。风险是政策所带来的健康、安全、环境、产业等风险。收益预测则要看第一步中对目的的实现程度,对促进市场效率,便利国际贸易的开展或能够推进发达国家向发展中国家转移先进技术及减少贸易壁垒的贡献程度。

第三步,成本分析。除直接成本外,间接成本包括对企业产量的影响、工人失业以及后续工资水平、社会整体经济福利、对国际关系及国际贸易的影响。机会成本则是为了达到此政策而放弃的其他替代性政策,要将两者促进与减弱目的的效果进行成本与收益的相对比较分析。

第四步,确定决策。如果A政策成本大于收益,那么它将被淘汰。如果有一项政策B可以与此政策达到类似效果的,但采用它可以大大减少对贸易的限制的,那么政策A仍被淘汰。只有当A比所有替代性政策净收益都大时,那么政策A才会被采用。

五、两个协议在成本收益分析层面的差别

为了维护良好的国际贸易环境,需要在保证进出口贸易安全的情况下,设置合理的技术法规或技术标准,来作为一种"贸易壁垒"。而在这两项协议中,必要性测试则作为一种价值平衡的方式,能够更好地实现政策目标所"必要的"程度。这其中,较为重要的则是对成员实践中所采取的措施进行合理性审查,通过风险评估确定其措施的适当性与合理性,以期使其中的成本与收益平衡得当。近些年来对以保护国际贸易为目的的措施所进行的必要性测试逐渐转变方向,表现为从强调"最小"到"较小"的影响等。

在《TBT协议》与《SPS协议》中,基于成本收益原则的特征,能够适用该原则的主要为标准判断方面,而两个协议的必要性判断标准基于各自的适用领域,具有不同的特点。

《SPS协议》"前言"第6段确认,成员不应被强迫改变其保护人类、动植物的生命或健康的适当保护水平。如果成员欲实行较国际标准的保护水平高的《SPS协议》措施,必须有科学根据或成员依据风险评估而决定的适当保护水平,风险评估的方法主要依据科学证据。[1] 从《SPS协议》字面意思来看,科学证据是除国际标准之外用于判断各国卫生措施合理性的唯一依据。科学根据这一评估的方式一旦确定,对于任何在贸易中产生的必要性测试则有了较详细的分析办法;尽管在科学价值判断中仍然存在不

[1] 参见《SPS协议》"前言"第6段。

确定的影响因素，但是整体的审查标准处于一个较确定的状态。如此成本收益原则有较明确和可依据的成本与收益的分析判断。《TBT 协议》并未要求技术法规必须基于风险评估或要求有科学上正当性，尽管其中隐含科学技术要求。这种非明示的要求与《SPS 协议》相比，在适用上可能较不严格。它的标准具有更为普遍适用的作用。也正因为标准的确定性和范围、程度不同，使其中成本与收益的分析角度、路径、方法等产生区别。非以科学依据为判断标准的《TBT 协议》，在采取措施的过程中可考量的因素更为广泛，由此产生更多侧重于不同因素的可替代性措施，为了比较出效果最好的措施，必然有政策者在成本与收益之间充分衡量。随着"必要性"的程度逐渐扩大，另外增加了利益衡量的概念，这使本就有一定适用讨论范围的《TBT 协议》标准更有可裁量性，协定成员方之间受成本收益分析论证方法的影响更为广泛。

六、总结

《SPS 协议》中的必要性测试，通过适当性评估、必要性评估、狭义比例性，通过对于风险的评估，参考科学依据，寻找措施与科学依据之间的合理联系，来判断一项植物与卫生植物措施的必要性；《TBT 协议》中的必要性测试，对于有关技术法规，通过比照有关国际标准，考虑《TBT 协议》是否为国际贸易造成了不必要的障碍。在必要的判断中，首先，确定有关合法目标，判断该法规对于目的的实现是否为不可或缺的；其次，考虑其所要实现的利益是否大于成本；最后，考虑是否有有关替代措施，即在达到相同利益保护效果的同时对贸易进行更小限制。

而这些必要性测试，实际上适用的是成本收益分析原则的逻辑思路，来判断政府所采取的限制贸易的措施是否具备合法性。在《SPS 协议》与《TBT 协议》之中，通过成本收益分析，将一项政策对贸易带来的损失与其所保护的其他利益，包括国家安全、环境保护、人体健康等进行配比，其目的是要让一项政策可以提高社会的总福利。[1] 当对贸易的限制程度大于对相关利益的保护,或其贸易限制并不完全必要(有可替代措施时),都可能会有政府限制过度的情况出现,即政策有违法性。在《SPS 协议》与《TBT 协议》中,成本以对国际贸易的损失为主,还包括立法成本、执法成本、设施成本、对国家内产业发展的影响;而收益则从风险评估与收益评估两方面,先对措施所针对的风险进行评估,由此探讨该措施对保护相关利益的积极效果。在必要性测试的框架下,在国际贸易与合法利益保护之间作选择时,成本收益分析的分析框架越来越被广泛使用。

---

〔1〕 鲍晓华:《WTO 框架下 SPS 协定措施选择的经济学——一个成本收益的观点》,载《财贸研究》2005 年第 5 期。

第五章　司法审查视野中的成本收益分析原则

成本收益分析在我国行政法上尚未得到正式运用，也没有关于成本收益分析能否得以适用以及核心技术适用的正当性如何审查的相关案例。本章通过对其他国家的经典判例进行法学分析，总结该法院对成本收益分析是否依法适用的审查经验，同时对该法院何时介入审查，对诸如折现率这样的核心技术该如何审查作分析，期望为我国参考。

第一节　关于成本收益分析是否依法适用的司法审查

桑斯坦在其专著《成本收益国家》中指出，成本收益分析的发展尚处于初始阶段，随着其运用的日渐频繁也将面临一系列的挑战。[1] 其中，备受关注的问题包括：对于适用成本收益分析，行政机关是否拥有自主权？法院作为中立裁判者，应当如何对行政机关基于成本收益分析的规制措施进行审查？如何选择适用法律解释方法？本部分希冀以美国《清洁水法案》

---

〔1〕 See Cass R. Sustein, *The Cost-Benefit State: The Future of Regulatory Protection*, American Bar Association, 2002.

第1326条(b)款的司法适用引发的案例纷争为切入点,对上述问题予以初步回应。

一、安特吉公司诉护河者公司案[1]引发的争论

安特吉公司诉护河者公司案(以下简称护河者案)是由美国联邦最高法院于2009年4月作出的终审判决,安特吉公司(以下简称上诉人)是发电厂的运营商(power plant operator),护河者公司(以下简称被上诉人)是一个环保组织(environmental group)。上诉人针对第二巡回上诉法院的判决提起上诉。

该案争议涉及美国《清洁水法案》(Clean Water Act)第1326条(b)款的适用。1972年,美国国会修改了美国《清洁水法案》,第1326条(b)款对发电厂的核心装置——冷却进水系统(cooling water intake structures)作出规定,[2]并制定了一系列的标准。其中,包括"第一阶段规则"和"第二阶段规则"。前者主要针对新设立的发电厂,后者则针对现存的大型发电厂。在第一阶段中,环保署强制规定发电厂使用闭合循环冷却系统(closed-cycle cooling system);而在"第二阶段规则"中,确立了"国家标准"(national performance standard),没有强制发电厂使用"闭合循环冷却系统",且规定了"成本收益的替代性遵守"(cost-benefit compliance alternative),只要发电厂能够证明遵守"国家标准"的成本远远高于收益,即允许发电厂根据其具体情况选择类似"国家标准"的替代系统(site-specific compliance alternative)。相对"第二阶段规则"的要求来说,"闭合循环冷却系统"对环境的损害更小,但成本较高,这也是引发被上诉人反对的缘由。

被上诉人主张,环保署确立"第二阶段规则"时,不应当运用成本收益

---

[1] See Entergy Corp. v. Riverkeeper, Inc. ,556 U. S. 208(2009),以下简称护河者案。

[2] 冷却进水系统将水从自然资源中提取出来,防止电厂的动作系统温度过高,但这个过程,往往伴随对水资源内部有机物的损害。上诉人作为发电厂的运营商,在发电过程中需要运用此种"冷却进水系统",所以其运营过程必须满足美国《清洁水法案》中的相关规定。

分析,理由在于美国《清洁水法案》第1326条(b)款并没有明确授权,“最小化”(minimize)一词,是指所有的技术必须将损害降到最低程度。第二巡回法院接受了被上诉人的主张,判决环保署根据美国《清洁水法案》第1326条(b)款制定相关标准时,不允许运用成本收益分析,因此撤销了环保署的规定。上诉人上诉至美国联邦最高法院,要求法院重新审查第二巡回法院的判决。美国联邦最高法院作出判决,环保署可以运用成本收益分析确定国家标准,也允许发电厂确定类似标准。美国联邦最高法院认为该案的争议点在于:针对冷却进水系统,美国《清洁水法案》第1326条(b)款是否授权环保署在确定可以获得的最好技术时运用成本收益分析。

二、相关判例的扩展性分析

(一)谢弗林案[1]

谢弗林案是美国行政法历史上引用率最高的判例,该判例确立了法院在审判行政案件时对行政机关专业性判断尊让的司法审查规则。美国联邦最高法院基于谢弗林案,确立了“谢弗林两步法”(《谢弗林规则》),规定了法官审查行政法规范的解释时所应遵循的步骤,体现了对行政机关专业性判断的尊让。具体来说:第一步,应确定立法机关是否对争议的问题作出了明确的规定,如果是,那么法院的判决和行政机关的规制措施都应该体现立法机关的意图。如果法律没有规定或模糊不清规定,则要进入第二步,即法院应确定,行政机关的规制措施是否有成文法的许可(permissible construction),而不应该将自己的理解强加于行政机关。这一原则体现了法院对行政机关行使专业性解释权的尊让。

谢弗林案所体现的司法审查规则是,行政机关负责公共政策的制定,对公共利益进行平衡,这是宪法赋予的职责。法院对于这一行政权力不应

---

〔1〕 See Chevron U. S. A. Inc. v. Natural Resources Defense Council, Inc., 467 U. S. 837(1984).

过多干涉,只要是合理的判断,法院都应给予支持。在护河者案中,法官并没有极力主张适用"谢弗林规则",在一定程度上反映了法院对行政机关适用成本收益分析予以司法判断的审慎态度。

(二)美国运输公司案[1]

1. 该案争点

该案争议的焦点在于根据美国《清洁空气法案》第109条,环保署在制定"国家外部空气质量标准"时是否可考虑成本因素。法院的结论是,美国《清洁空气法案》模棱两可的规定,不能被解读为对考虑成本因素的授权。

2. 美国运输公司案与护河者案的联系

在护河者案中,多数法官并没有遵循美国运输公司案这一先例,理由主要有以下几点:(1)两个法案的立法进程和历史截然不同,不能机械地照搬先例。(2)两法案中条款的措辞不同。美国《清洁空气法案》对空气质量规定的标准是"足以保护公众健康",美国《清洁水法案》的规定是"可以获得的最好技术"。前者较明确,后者比较宽泛,不能以相同的方式解读。(3)美国运输公司案中法院决定禁止使用成本收益分析,只是确认了华盛顿巡回法院20年来对美国《清洁空气法案》的解读,立法机关对此没有异议。而护河者案中法官面临的情况相反,因为环保署30年来对法案的理解和实践,都表明法律允许使用成本收益分析。[2] 基于这些区别,不应该片面地追求遵循先例,而不考虑该案的现实情况,否则就有违个案的正义。在英美的判例法中,存在一个很重要的原则,即区分原则(distinction)。法官对于眼前的案件,通常要将其与之前同一法院或上级法院的先例,进行事实和适用法律上的比照和分析,如果眼下的案件(the case at hand)基于重大事实而导致不能适用先例确立的法律规则和原则,那么法官很可能就推翻先例或者至少对先例的适用进行拓展和修改。

---

[1] See Whitman v. American Trucking Ass'ns, 531 U. S. 457(2001).

[2] See Entergy Corp. v. Riverkeeper, Inc. , 556 U. S. 208(2009).

三、其他相关案件与护河者案的对比分析

与护河者案相关的案例情况如下(见表6):

表6　相关案例分析

判例	争点	法官意见(相对多数)
美国劳工联盟和行业组织代表大会的产业工会部诉美国石油学案[1]	职业安全与健康管理局[2]对有毒物质苯的接触量的限制设置最严格的标准是否符合美国《职业安全和健康法》[3]	职业安全与健康管理局确立的标准不合法,其无法证明存在"重大风险"(significant risk)。另外,它没有证明该标准的所带来的收益和成本相称,无法证明其合理性和必要性
美国纺织品生产协会诉多诺万案[4]	美国《职业安全和健康法》是否要求劳工部制定有关"棉花粉尘"(cotton dust)标准时进行成本收益分析	美国《职业安全和健康法》第6条(b)款第(5)项不要求劳工部制定相关标准时使用成本收益分析,而应当采取"可行性"(feasibility)要求。即采取一切可能的方式(capable of being done),保证雇员的健康不遭受实质性的损害
防腐配件生产企业诉美国环保署案[5]	环保署根据美国《有毒物质控制法案》对包含石棉的产品所作出的禁令,是否符合实质性证据(substantial evidence)的要求	环保署的禁令不符合美国《有毒物质控制法案》的规定,即采取对受规制企业负担最小的措施(the least burdensome regulation),来实现风险的最小化。环保署没有对替代性措施进行科学的成本收益分析,无法为其禁令提供充分的理由说明
国家资源保护委员会诉美国环保署案[6]	环保署根据美国《清洁空气法案》为公众提供"充分安全余度"(an ample margin of safety)时,制定相关排放标准是否可以考虑成本和技术等因素	环保署确定相关安全排放标准时可以考虑成本和技术的可行性,但不能作为主要的因素。立法者的意图很明显是以风险作为制定标准的考虑因素

续表

判例	争点	法官意见(相对多数)
密歇根州诉美国环保署案[7]	环保署根据美国《清洁空气法案》在推行“州实施方案”,是否可以考虑“为减少臭氧所需要的成本”这一因素	美国《清洁空气法案》对于环保署是否可以考虑成本因素没有明确的规定,推定为其不禁止考虑这一因素
美国环保署诉运输协会案[8]	根据美国《清洁空气法案》第109条,环保署在制定“国家外部空气质量标准”时是否可考虑成本因素	美国《清洁空气法案》模棱两可的规定,不能解读为对环保署考虑成本因素的授权
护河者案[9](本案)	针对冷却进水系统,美国《清洁水法案》第1326条(b)款是否授权环保署在确定可以获得的最好技术时,运用成本收益分析法	环保署可运用成本收益分析制定有关的技术标准,避免成本和收益的差距过分悬殊这类极端情况的出现。美国《清洁水法案》对于环保署是否可运用成本收益分析没有明确规定,并不意味着禁止使用

①448U. S. 607(1980).

②职业安全与健康管理局,英文全称为 Occupational Safety and health Administration。

③美国《职业安全和健康法》,英文全称为 Occupational Safety and Health Act。

④452 U. S. 490(1981).

⑤947 F. 2d 1201;1991.

⑥824 F. 2d 1146.

⑦213 F. 3d 663;2000.

⑧531 U. S. 457(2001).

⑨556U. S. 208(2009).

护河者案争议的核心是美国《清洁水法案》第1326条(b)款是否授权环保署在确定可以获得的最好技术时,运用成本收益分析。关于这一点,法律的规定模棱两可,大多数法官认为环保署的解释是合理的,应当予以尊让。法官在判决意见中并没有提供充分的理由说明,只提到环保署运用成本收益分析是为了避免成本和收益的差距过分悬殊,对企业造成不合理的负担。可见,法官尊让环保署的意见,实质上是针对成本收益分析的适用规则表明了立场。

根据上述分析,可以看出,在面对规制对象的复杂多变,规制技术的层出不穷时,无论是谢弗林案、美国运输公司案还是护河者案,法院所体现的司法谦抑态度非常近似,都是允许像环保署这样的专业机构发挥自己的专业信息优势,根据现实的需求作出自己的专业判断。"谢弗林规则"的适用其实是法官对政策的判断,正如斯卡利亚(Scalia)法官所言:"运用'谢弗林规则'并非因为它更容易适用(easier to follow),而是因为它明确地反映了政府规制的现实,并满足它的需求。"〔1〕

四、护河者案中法官的意见

(一)支持派法官的意见

1. 斯卡利亚法官的意见

在美国联邦最高法院,斯卡利亚法官是文本主义解释的代表人物。在护河者案中,他认为:

首先,对于美国《清洁水法案》第1326条(b)款中"最好的技术",第二巡回上诉法院认为应解释为"最有优势"。也就是说,"使环境的不良影响降到最低,应以技术而不是以成本为导向"。斯卡利亚法官认为这只是一种可能的解释,按照通常的理解,它应该是指最有效率,或单位成本最低,尽管这不一定能将不良影响降到最低。对美国《清洁水法案》第1326条(b)款中"环境的不良影响最小化"的问题,斯卡利亚主张"最小化"只是一个程度的表述,不能机械地认为立法机关要求相关技术一定要达到这样的效果。结合其他条文,可以看出立法机关的意图是希望减少污染,在确定技术标准时,给予行政机关一定的自主权,包括考虑相关的成本

---

〔1〕 Antony Scalia, "Judicial Deference to Administrative Interpretation of Law", *Duke Law Journal*, 1989 *Duke L. J.* 511.

和收益。

其次,由于美国《清洁水法案》的其他 4 个条款明确规定考虑成本因素,上诉人推断出即使第 1326 条(b)款没有明确的规定,也可以立法机关禁止使用成本收益分析。斯卡利亚法官则认为,美国《清洁水法案》第 1326 条(b)款的措辞和目的与其他条款并不一致,没有理由用其他条款中的强制性规定来对美国《清洁水法案》第 1326 条(b)款作限制性解释。如果按照上诉人的逻辑,法律的沉默意味着禁止,那么环保署在履行美国《清洁水法案》第 1326 条下的相关义务时,就不能考虑任何因素,这从逻辑上看相当不合理。

最后,对于早期的怀特曼诉美国运输公司案,[1]法院是在针对该法案特殊的法律和历史语境下作出的判决,护河者案与其是不能同日而语的。因此,法律的空白最好被解释为限制行政机关的自主决定权,但在该案中不能适用。基于此,斯卡利亚法官得出结论:环保署运用成本收益分析确定国家标准,是为了避免成本和收益的差距过分悬殊这类极端情况的出现,是合理的,应当支持。

2. 布莱耶(Beyer)法官的意见

布莱耶法官对大多数法官的意见部分支持、部分反对(因部分支持,故归入支持派法官的意见)。总体来说,布莱耶认同大多数法官的观点,但他主要是从美国《清洁水法案》立法进程和历史角度来阐明其立场:

首先,从该法案的背景来看,立法机关的意图并非禁止成本收益分析的运用,而是希望行政机关在规制中尽量减少使用这一分析工具,主要是因为担心一个正式的成本收益分析需要花费大量的时间,可能会延缓规制的进程,而且行政机关可能更多地关注容易量化的因素而忽略难以货币化的因素,进而导致决策缺乏正当性。但是,这并不意味着绝对禁止使用这

---

[1] See Whitman v. American Trucking Ass'ns, 531 U. S. 457(2001),以下简称美国运输公司案。

一分析方法。因为任何决策都免不了对其优势和劣势进行比较分析，其实也就是比较其收益和成本，如果一味反对，很可能得出非理性的结论。从环保署30余年来对立法意图的合理解读和具体实践来看，“国家标准”的规定是合法的。它运用成本收益分析，主要是为了避免出现成本和收益比例完全不合理（wholly disproportionate）的情况，环保署相信这也是立法机关所不愿意看到的。

其次，布莱耶提出了反对意见，“第二阶段规则”允许发电厂对“国家标准”作出调整，只要能够证明遵循这一标准的成本远高于收益。在这里，环保署的措辞是“远远高于”，不同于30余年来一直使用的“比例完全不合理”。对于这一改变，究竟只是说法不同还是有其他意图，环保署并没有说明原因，所以应该将该规定撤回并要求环保署阐明这一问题。

（二）反对派法官的意见

史蒂文斯（Stevens）法官是持反对意见的少数派法官的代表。他同意第二巡回法院的观点，环保署对美国《清洁水法案》第1326条（b）款的解读是错误的，法律既没有明示也没有默示地授权，允许环保署在确定规制标准时运用成本收益分析。但史蒂文斯对成本收益分析的适用是持悲观态度的。他认为：首先，成本收益分析在环境保护方面争议较大，通过这种分析方法得到的结果，往往并不能实现环境保护利益的最大化。其次，无论如何，是否运用这一分析方法应由立法机关明确授权。换言之，如果立法机关有意推行这一方法，在法律条文中一定会有明确体现。在怀特曼诉美国运输协会案中，法院已经明确判决不能将法律的含糊不清视为默示授权，护河者案应当遵循先例。最后，美国《清洁水法案》中其他条文有明确规定运用成本收益分析，所以美国《清洁水法案》中第1326条（b）款的沉默就应被视为禁止使用。

（三）法官分歧的成因

成本收益分析在美国行政法中的运用，目的是为最优决策提供信息，提高公众参与及透明度，改善政策的科学化形成过程，这同时给法官审查提出了挑战,法官经常因为职业特点而在法律解释与政策选择之间存在分歧。同时,成本收益分析的适用虽然是合法的,但在美国国内的争议非常大,受到的批评与质疑非常多,美国联邦最高法院的法官们也各持己见,对这个问题的司法判断态度极其审慎,导致了对成本收益分析适用与否的判断因案而异,并非尊让。

五、护河者案的行政法学启示

在护河者案中,法官所面临的棘手问题不是在"正确"与"错误"之间作选择,而是在两个在法律上都有可能站得住脚的解决方案(alternatives)之间选择。正如以色列法官巴若克(Barack)所言:"法官的司法裁量权是在两个或两个以上有可能的结果中作出选择,而且这些结果都具有合法性。"[1]基于上述分析,护河者案在美国国内之所以引起很大反响,主要是因为这个案件涉及了两个争议较大的问题:一是成本收益分析是否应当适用;二是当法律规范模糊不清时如何进行法律解释方法的选择。

(一)成本收益分析能否适用的判断标准

1. 探寻立法者的本意

布莱耶法官从美国《清洁水法案》的立法历史出发,试图从相关条款探求立法者的意图。他提到了该法案的主要起草者艾梦德·莫斯基(Edmund Muskie),莫斯基在向参议院提交的报告中提到,在确定"最具实效的控制技术"时,行政机构要平衡成本和收益,而对于"可以获得的最好技术",可以考虑成本,无须考虑收益。[2] 此外,莫斯基在报告中还提到立法机关用"最好的"(best available)这一用语是希望行政机构能够满足"合理性"(reasonableness)标准。可以看出,起草者对成本收益分析有一定的保留,最主要的原因可以归结为成本收益分析本身有争议性。

---

〔1〕 Aharon Barack, *Judicial Discretion*, Yale University, 1989, p. 7.

〔2〕 129 S. Ct. 1498(2009).

这一分析工具强调从量化的角度对规制的结果进行衡量,这就涉及一些很难货币化的东西,如生命、生活环境的安宁、美的感受等。而且,这一方法费时费力,很可能降低规制的效率。即使如此,起草者的措辞是“不需要”(not required),而不是“禁止”(forbidden),所以没有任何迹象表明强制禁止使用。立法者微妙的用词表明其有意留下法律的模糊地带,实际上是允许了行政机构行使其自主权。

与此同时,《美国法典》第26章“防止和控制水污染”[1]中关于污水控制标准,分别提到了“最具实效的控制技术”(best practicable control technology)和“经济上具备可行性的技术”(best available technology economically achievable),并且规定确定上述技术时,应当关注实现减少污染这一目标的成本和收益,以及行政机关认为应当适当考虑的其他因素。

探求立法者的原意,是为了实现安定的法律效果。司法机关解释法律是为了获得符合公平正义标准的判决,这也是法律的价值追求。行政法解释不同于民法解释,要受到公共政策与公权力的影响。[2] 这种影响往往体现在行政机关的解释中带有对公共政策的考量。行政机关的这种思维方式是由其职能和角色定位所决定的。从权力分工的角度来看,行政机关拥有公共管理的权力,更多地关注其执法过程或者规制的社会效果,这种关注必然会受到舆情或者某一受规制行业的可接受程度的影响,免不了需要立场折中和利弊权衡。另外,它们在某些专业领域有明显制度能力的优势,这种专业性保证其理性地分析各种决策或规定的可行性,选择更能实现规制目的的工具和手段。因此,司法机关与行政机关角色定位不同,立场也就有不同的倾向,前者更注重公平正义的法律效果,后者更关注行政权行使的有效性。

---

〔1〕 See 33 U.S.C.A. § 1311,1314.

〔2〕 王旭:《行政法解释学研究——基本原理、实践技术与中国问题》,中国法制出版社2010年版,第183~184页。

2. 合目的性考量

护河者案中环保署主张运用成本收益分析,其目的也是防止决策的非理性。如果按照第二巡回法院的判决,强制要求大型发电厂均使用闭合冷却系统,则势必给电厂的运行增加过分高昂(exorbitant)的成本压力,这种成本远远高于其收益。大型发电厂虽是私营主体,但其业务涉及民众的基本用电需求。面对不堪重负的成本和不合理的限制,运营的自由度被过分束缚,其生产积极性很可能会下降,这样对整个行业的发展,甚至对国计民生都会有恶劣的影响。所以即使闭合冷水系统能够在环保方面效果更好,环保署依旧不愿意强制使用,这是基于经济效率与环境保护的利益平衡。

决策的合理性不可能只关注一个维度,如护河者案中,为了使环境污染最小化,并不意味着不惜一切代价去追逐这一目标。公共规制本身就涉及多方利益的衡量,运用成本收益分析分析各种决策选择的后果,综合考虑各种影响因素,才能作出更趋理性的选择。护河者案中环保署制定了一种国家标准,同时还确立了五种可供选择的类似标准,授权发电厂可以根据自身的经营情况自由选择。赋予一定限度的经营自主权,促使经营主体立足自身情况,没有太多的条条框框,鼓励使用成本更低的冷却系统,不降低经营效率,一定程度上还可以促进技术的创新。这正体现了环保署作为行政机关规制的灵活性和多样性。所以环保署主张运用成本收益分析,是对美国《清洁水法案》的正确解读,是为了获得经济和技术上都可行的工具,防止决策的极端化,这满足美国《清洁水法案》中提到的"合理性"。

行政机关作决策时,往往会有多种替代性方案,为了实现效果最优,必然要权衡利弊得失,这实际上就是成本和收益的比较。在护河者案中,第二巡回法院主张,美国《清洁水法案》第1326条(b)款没有提到环保署要考虑的因素,所以禁止使用成本收益分析。如果仅因为没有提到作此推论,那么环保署将无所适从,它无法确定哪些因素是可以考虑的。另外,如果一味地禁止运用成本收益分析,很可能得到非理性的结果,即规制的成本和收益差距过大。就如被上诉人所说的,为了保护一条鱼或一株水生植物,花成千上万的成本是没有意义的。并不能机械地解读“令环境损害最小化”为“无风险”或“零损害”。因此,成本收益分析的使用并非绝对的禁止,也不意味着理所当然地适用。如上所析,简单地将法律的不明确规定等同于授权,会导致行政机关的权力不受限制,所以必须结合法律解释方法才能确定行政机关是否授权运用成本收益分析。

(二)法律解释方法的具体选择

“凡解释法律者,不拘文字,而重法律之精神。”[1]行政机关面对纷繁复杂的社会现实,日新月异的情势变更,为了保证管制措施或公共决策可以应对社会的需求,往往更加追求灵活性和适时性。护河者案中行政机关对运用成本收益分析适用的解释,正体现了这一点。成本收益分析的诞生和发展有其特定的背景,经济危机凸显市场失灵,加强政府的规制成为当权者的共识。[2] 成本收益分析只是一个信息分析工具,行政机关之所以大行推广,最终目的是确保决策更加理性,实现社会福利的最大化。当然,加上成本收益分析本身具有其他替代方法所不可比拟的优势,与现实的需求一拍即合。

如上所述,护河者案的争议在于美国《清洁水法案》第1326条(b)款是否授权环保署在确定何为“可以获得的最好技术”时运用成本收益分析。争议的焦点在于,法律没有明示的情况下,应视为授权还是禁止,这是法院进行司法审查时首先要解决的问题。

在私法领域,往往涉及平等主体之间的权利义务关系,法律假定每个人都是自己利益的最佳决策者,尊重私法自治,一般情况下法律不禁止则视为授权。但公法更多地涉及公权力机关和公共政策,如果简单地适用“法不禁止则授权”规则,则很可能导致公权力不受限制,侵犯行政相对人

[1] 张宏生主编:《西方法律思想史》,北京大学出版社1983年版,第71页。

[2] See Edward R. Morrison, “Judicial Review of Discount Rates Used in Regulatory Cost-Benefit Analysis”, 65 *U. Chi. L. Rev.* 1333, 1333(1998). 这篇文章引证了成文法中要求使用成本收益分析方法,并予以细致的分析。

的合法权益。法律不可能如"概念法学"所主张的那样,是一个无所不包的万能法典。再完善的法律也会有漏洞,面对法律的模糊地带,必须运用一定的法律解释方法才能判断究竟环保署是否能够得到授权运用成本收益分析。

法律解释的方法大体包括文义解释、历史解释、体系解释、目的解释和社会学解释方法等。而历史解释、文义解释通常成为法官的选择。护河者案中布莱耶法官就是历史解释的积极倡导者,他认为对立法历史和进程的精妙使用,虽然经常被法官忽略,但立法辩论、立法起草委员会报告、立法听证记录、总统意见等立法的历史资料,正是探寻立法原意所需要的。[1]而斯卡利亚法官则是文义解释的倡导者,他认为立法者的意图完全可以从法律条文中表达清楚,因此应当严格地按照条文中分析出来的意思进行法律解释。

其实,在法律解释方法的选择上,并没有一个定论,也没有绝对的先后顺序。尽管法理学者认为解释方法需要有先后,但这在司法实践中并不具有现实意义。从根本上来说,方法的选择取决于解释的目的,即法官究竟要通过法律解释实现什么。因此,通过护河者案可以看出,关于是否应当适用成本收益分析,其实是一种合目的判断,法律解释方法的选择并不是问题的核心。

(三)"有效性关注"与"合法性关注"之间的博弈

面对法律的真空或模糊地带,法院和行政机关都有权作出自己的解释,只是谁的解释更优的问题。要考虑规制的影响分析,行政机关是在"各种利益的较量博弈中"寻找实现规制最优效果的途径。而法院则因为专业性的原因,以法学思维独有的逻辑,更多关注的是合法性,而非有效性。

---

〔1〕 See Ernest Gelhorn, "Justice Breyer on Statutory Review and Interpretation, Administrative Law Journal of The American University", 8 *Admin. L. J. Am. U.* 755.

就行政机关而言，司法机关这种开放的态度能够鼓励其努力证实自身解释的合理性。例如，在护河者案中减少环境污染，从而为社会谋取最大福利。要回答这个问题，行政机构必须有充足的依据说服法官，环保署有必要给法官提供一幅清晰的画面，表明其为什么选择适用“第二阶段规则”而拒绝使用闭合冷却循环系统，为什么允许发电厂采用类似“国家标准”的系统。换句话说，环保署必须提供成本收益的量化和非量化分析，替代性方案进行评估。尽管，这种做法会令环保署承担更多的信息负担，但“环保署作为决策机构，其日常的工作就包含了信息的搜寻和整合，这是政府规制必不可少的”。[1] 而且这样的要求，不仅有利于法院的审查，对于环保署本身来说也是百利而无一害的。信息披露本身也是成本收益分析的核心环节之一，它可以保证决策机构决策的理性一致，当然最重要的是可以证明自己的“清白”，尽可能地避免规制措施受到来自各方的质疑。

就法院而言，运用一定的审判逻辑进行释法，进行利益的取舍平衡和价值判断，既要做好最终的决定者，也要避免“外行审内行”的尴尬。例如，“谢弗林规则”体现的是对行政机关法律解释的极大尊让，其实质是承认了行政机关解释的专业优越性，司法机关不应完全诉诸自己的理解。诚然，行政机关在公共管制方面具有天然的专业优势，人员配置方面有专业人士的智力支持，对特定的决策事项或特殊领域有深入的了解，长时间的研究也积累了一定的信息优势。如同护河者案中涉及的环保署，就是法律授权唯一负责实施美国《清洁水法案》的机关，30 多年的实践经验足以使其保持对该领域的敏感性，针对专业问题作出合理判断。

因此，从护河者案及其他案例关于成本收益分析如何适用的司法审查

---

〔1〕 See Cass R. Sustein, *The Cost-Benefit State*: *The Future of Regulatory Protection*, American Bar Association, 2002.

中,可以得出的结论是,“有效性关注”与“合法性关注”之间的博弈结果才是最终的司法判断渊源。

综上所述,美国法院在审查成本收益分析的适用规则时,采取了审慎的审查态度,即在法律没有明确规定是否可以适用成本收益分析的情况下,不能直接推断为禁止或简单地视为授权。必须综合运用法律解释的方法,探寻立法者的原意,平衡“有效性关注”与“合法性关注”之间的关系,实现法律效果和社会效果的统一。

第二节 关于成本收益分析适用中合理性判断的司法审查

鉴于将成本收益分析适用于司法审查的框架中的主要争议在于专业技术的适用上,笔者选择以折现率的司法审查为例,依据折现率的经济理论的概念性框架,在肯定政府适用的折现率必然存在的差异性问题的现实基础上,探讨了法院在审查行政主体对折现率适用选择合理性上的审查标准。

折现率是长周期决策中的一个最重要的技术指标,会对判断成本收益分析的需求和效率产生根本性的影响。1986 年,经济学家约翰 · 茂若(John Morrall),用文件证明了规则潜在地施加于人们生活的价值取向的极端差异。[1] 最低的是,一项美国国家公路交通安全局(National Highway Traffic Safety Administration,NHTSA)的规章在每一个救助的生命上花费 10 万美元;[2]最高的是,一项职业健康和安全局(Occupational Safety and Health Administration,OSHA)的规章在每一个救助的生命上花费 720 亿美

〔1〕 John F. Morrall Ⅲ, *A Review of the Record*, *Regulation* 25,30 table 4(Nov/Dec. ,1986).

〔2〕 Initial Federal Motor Vehicle Safety Standards,32 Fed Reg 2408,2414 – 15(1967).

元。[1] 约翰·茂若的研究仅是一个例子,显示出在折现率上的微小差别能够如何对成本收益分析的结果产生重大影响。试想一下,比如,一个提议的规范将会在50年内产生100美元的收益。在1%折现率下收益的现值是61美元,在4%折现率下是14美元,在7%折现率下是3美元,在10%折现率下则少于1美元。尽管折现率在成本收益分析中如此重要,却几乎没有标准来指导实践。

然而,存在如此大的差异,既没有立法的明确指引,也没有有意义的审查标准提供给法院应用。当法院在必须对折现率这样非常专业化的技术问题的适用合理性问题予以判断的时候,要么基于尊让,要么基于自己的偏好予以判断。虽然部分法学学者已经讨论了这一问题,却没有人考虑经济学理论对于法庭判断折现率选择适用的适当性问题。[2]

一、折现率技术适用差异引发的争论

因我国尚不存在关于折现率适用的司法案例,本文将以已有折现率适用于司法案例的美国为例,对折现率的选择带来的众多的精细技术的操作障碍及相关议题予以系统梳理。20世纪80年代以后,随着12991号行政命令的出台,行政的命令、法典和先例越来越要求规范的成本收

---

〔1〕 Occupational Exposure to Formaldehyde,50 Fed Reg 50412(1985).

〔2〕 有学者为规制机构选择适当的折现率提供了标准。See Daniel A. Farber and Paul A. Hemmersbaugh,"The Shadow of the Future:Discount Rates,Later Generations,and the Environment",46 *Vand L. Rev.* 267(1993). Bradford C. Mank,"Protecting the Environment for Future Generations:A Proposal for a 'Republican' Superagency",5 *NYU Envir L. J.* 444,460 – 62(1996). See also Cass R. Sunstein,"Behavioral Analysis of Law",64 *U Chi. L. Rev.* 1175,1193 – 94(1997). 但是这些重要文献并没有涉及司法审查的标准问题。

益分析。[1]

这一趋势引发了关于行政机关运用哪种方法来实施成本收益分析的重要问题。为了实施成本收益分析,一个行政机关必须首先量化一个规则将会在当下和未来时期内产生的成本和收益的价值量。[2] 然而,量化分析方法是不足够的。由于货币的时间价值(例如,今天的 1 美元可以投资而在明天变成多于 1 美元),不同时期的成本和收益是不同的"商品",所以严格意义上来说不可比较。因此,必须选择一个折现率来将未来的资金转化为现值。然后,可以用这些现值来计算该规范的净收益(或者"净现值")。美国政府机构在折现率的运用上显示出明显的不一致。不仅不同的机构运用明显不同的比率,而且一个机构经常在不同的规章中运用不同的比率。行政记录几乎没有对此差异提供解释。

在成本收益分析标准化的努力中,美国预算管理委员会早在 1972 年

---

〔1〕 行政命令很早就要求规制机构在发布规章[See,46 Fed Reg 13193,58 Fed Reg 51735(1993),12991 号行政命令明确了成本收益分析作为一种必需的评估工具,不要求成本一定要低于收益,但是社会收益要高于社会成本,12866 号行政命令予以确认。而关于成本收益分析在后续行政管理中的深入运用,参见 Richard H. Pildes and Cass R. Sunstein,"Reinventing the Regulatory State",62 *U Chi. L. Rev.* 1,3 - 7(1995);OMB,Draft Report to Congress on the Costs and Benefits of Federal Regulations,62 Fed Reg 39352,39355 - 57(1997)]。之前向美国预算管理委员会提交规制影响分析[12991 号行政命令确立了对潜在的成本与收益进行货币化和非货币化估测的规则,EO 12291,46 Fed Reg 13193,13194(1981)。12991 号行政命令包含了要基于低成本实际解决同样的规制问题,同时解释替代性方案潜在的成本与收益],20 世纪 90 年代以后,美国联邦立法机构也显示出倾向于强制要求成本收益分析的倾向。例如,《有毒物质控制法案》(Toxic Substances Control Act,TSCA)[15 USC § 2605(c)(1)(1994)]、《联邦杀虫剂、杀真菌剂和灭鼠药法案》(the Federal Insecticide, Fungicide and Rodenticide Act,FIFRA),[7 USC § 136(bb)(1994)]以及《〈安全饮用水法案〉修正案》(Safe Drinking Water Act Amendments,SDWA)[42 USCA § 300g - 1(b)(3)(1991 & Supp 1998)]要求环境保护机构在规制化学品和杀虫剂时衡量成本和收益。在 1995 年,《无财源提供强制责任法》(Unfunded Mandates Act),[Pub L No. 104 - 4,109 Stat 48(1995),codified at 2 USCA § § 1501 et seq(1997)]要求重大联邦立法运用成本收益分析。[2 USCA § 1532(a)]另外,美国国会还提出了一些要求联邦机构在全部规则上运用成本收益分析的法案。[See Risk Assessment and Cost-Benefit Act of 1995,HR 1022,104th Cong,1st Sess(Feb 23,1995);Regulatory Improvement Act of 1997, S 981,105th Cong,2d Sess(June 27,1997). See Cass R. Sunstein,"Congress,Constitutional Moments,and the Cost-Benefit State",48 *Stan L. Rev.* 247,269 - 86(1996);Thomas O. McGarity,"The Expanded Debate over the Future of the Regulatory State",63 *U Chi. L. Rev.* 1463,1528 - 32(1996)]

〔2〕 关于为什么非货币化的问题可以参见 Cass R. Sunstein,"Incommensurability and Valuation in Law",92 *Mich L. Rev.* 779,796(1994)。

就已经发布了《折现率指导规则》。[1] 最开始的指导规则发行于 1992 年，建议用 7% 的实际折现率[2]分析所有"为普通公众提供收益和成本的公共投资和管理项目"。[3] 美国预算管理委员(OMB)会认为这个比率"粗略估计了最近几年在私有领域一个平均投资的税前边际回报率"。[4] 然而，美国预算管理委员会承认收益利率可能合适于某些案例。[5]

美国预算管理委员会的指导规则对机构实际运用的折现率几乎没有影响。这将通过调查得出的行政机构在过去 5 年中运用的折现率来证明。调查的一个重点在于在 30 年或更长时间提供成本或收益的长期规范。一些政府部门，如住房和城乡建设部(Department of Housing and Urban Development, HUD)和食品药品管理局(Food and Drug Administration, FDA)，采用 3% 的相对较低的比率；其他机构，如美国环境保护署(Environmental Protection Agency, EPA)和美国复垦局(Bureau of Reclamation)，采用了超过 7% 的折现率。然而，个别机构为不同规范运用不同的比率。例如，环境保护署在铅基油漆上采用 3% 的折现率而在饮用水和机动车排放的规范上采用 7% 和 10% 的比率。这一折现率的差异在分析长期法律规范上具有深远的影响。根据美国住房和城乡建设部有关铅基油漆的规章，[6]尽管在 3% 的折现率下产生了 10,802 万美元的纯收益，而在 7% 的折现率下仅有 3900 万美元的纯收益。[7] 尽管美国住房和城乡建设部承认这一点，它仍

---

[1] See OMB, Benefit-Cost Analysis of Federal Programs, 57 Fed Reg at 53520.

[2] A real discount rate (as opposed to a nominal rate) excludes the premium for expected inflation.

[3] OMB, Benefit-Cost Analysis of Federal Programs, 57 Fed Reg at 53522 - 23. OMB recommended a 10 percent rate. OMB, "Guidelines and Discount Rates for Benefit-Cost Analysis of Federal Programs", 57 *Fed Reg* 35613, 35613 - 14 (1992).

[4] OMB, Benefit-Cost Analysis of Federal Programs, 57 Fed Reg at 53523.

[5] 如果使用替代性折现率必须经过美国预算管理委员会的同意。

[6] HUD, "Requirements for Notification, Evaluation and Reduction of Lead-Based Paint Hazards in Federally Owned Residential Property and Housing Receiving Federal Assistance", 61 *Fed Reg* 29170 (1996).

[7] Id., at 29189.

选择3%的折现率仅因为这一法规会影响后代。[1] 政府的短期规范的分析更是少有一致性,短期规范在未来20年内产生收益和成本。调查显示了大多数机构采用7% ~10%的折现率。然而,仍然存在重大的不同:如美国环境保护署[2]和食品药品管理局[3]则采用3%折现率。而美国的联邦行政记录对折现率的选择几乎没有提供任何解释。许多机构在采用折现率时从不讨论选择某一特定折现率的理论或政治原因,这在美国环境保护署体现得更为明显。[4]

二、折现率司法审查的逻辑

由于立法越来越要求成本收益分析,法院将会面临审查标准重构的挑战。虽然这些问题很棘手,但是几乎没有法院审查折现率的合理性。当法院遇到这个问题时,他们要么遵从行政裁量权,[5]或者强加给自己有关折现率的判断。[6] 如果法院没有建立一个有能力的政府选择折现率的审查标准,那么立法对的成本收益要求的效力及对专业技术选择的行政裁量权行使的合理性将无法判断,成本收益分析可能会变成为不严谨决策的科学支持工具。下文将探讨司法审查的介入点、逻辑结构及审查标准。

(一)司法审查的介入点

法院在审查政府的折现率选择的时候,依据的是当立法要求适用成本

---

〔1〕 HUD,"Requirements for Notification,Evaluation and Reduction of Lead-Based Paint Hazards in Federally Owned Residential Property and Housing Receiving Federal Assistance". HUD和EPA都采用了3%的折现率。

〔2〕 See EPA,"Comprehensive Guideline for Procurement of Products Containing Recovered Materials",62 *Fed Reg* 60962,60970(1997),可以看到3%的折现率被使用了10年。

〔3〕 See Department of Health and Human Services,"Tobacco Regulation for Substance Abuse Prevention and Treatment Block Grants",61 *Fed Reg* 1492,1504,1506(1996),可以看到适用的折现率是3%和7%。

〔4〕 See EPA,"Protection of Stratospheric Ozone;Labeling",58 *Fed Reg* 8136,8163(1993),采用2%和7%的折现率没有任何的解释作为支撑。

〔5〕 See Ohio v. Department of Interior,880 F2d 432,465(DC Cir.,1989),折现率基本上是一个政策选择,并未被纳入法律框架。

〔6〕 See,for Corrosion Proof Fittings v. EPA,947 F2d 1201,1218(5th Cir.,1991).

收益分析来证明一个行政立法、行政活动或行政裁量的实施是合理的。在绩效政府背景下，成本收益分析是行政行为行使正当性的直接要求和间接要求。

首先，直接要求出现在立法中，例如，在美国，《有毒物质控制法》(Toxic Substances Control Act, TSCA)要求机构考虑"法规的合理确定的经济结果"，[1]《联邦杀虫剂、杀真菌剂和灭鼠药法案》(the Federal Insecticide, Fungicide and Rodenticide Act, FIFRA)要求机构在考虑该法规的环境、经济和社会影响后颁布有关毒素的法规。[2]《能源政策和保护法案》(Energy Policy and Conservation Act, EPCA)要求能源部门评估能源保护法案在经济上是不是正当的，[3]同时，《安全饮用水法案》(Safe Drinking Water Act, SDWA)的修正案明确要求所有主要饮用水的规定应用成本收益分析[4]和风险分析。[5] 另外，《无财源提供强制责任法》(Unfunded Mandates Act)，[6]要求所有联邦机构对任何(超过10亿美元)的州的、当地的或者部族政府的花费规则，必须实行成本收益分析。[7]

其次，间接要求的成本收益分析也在一些行政立法中的强制合理的规范性要求中体现出来，例如，"合理必须"的要求或者减少"不合理风险"的要求。在美国泰克西泰尔制造机构诉德纳文案(棉尘案)中，[8]美国联邦最高法院在判决中强调国会很可能倾向于对"不合理的风险"的成本收益分析。[9] 许多下级法院发现对成本收益分析的要求是在立法中出现"合

---

[1] 15 USC § 2605(c)(1).

[2] 7 USC § 136(bb).

[3] 42 USC § 6295(o)(2)(B)(i)(I)(1994).

[4] 42 USCA § 300g-1(b)(3)(C)(i).

[5] Id § 300g-1(b)(3)(C)(i)(VI).

[6] 2 USCA § § 1501 et seq.

[7] 2 USCA § 1532(a).

[8] 452 US 490(1981).

[9] 452US 490(1981) at 510. See Cass R. Sunstein, "Interpreting Statutes in the Regulatory State", 103 *Harv. L. Rev.* 405, 419, 435(1989).

理需求”的字样。[1]

在含有以直接或间接语言要求政府进行成本收益分析的立法中，法院能够并且应该审查政府运用的方法，尤其是他们对折现率的选择。在“耐腐蚀设备公司诉环保署案”(Corrosion Proof Fittings v. EPA)中，[2]第五法庭基于TACA审查了环保署对折现率的选择，[3]在“自然资源保护委员会诉亨廷顿案”(Natural Resources Defense Council, Inc. v. Herrington)中，[4]华盛顿巡回法庭根据EPCA审查了该机构在规范制定上的折现率选择。[5]同样地，在俄亥俄州诉美国内政部案(Ohio v. Department of Interior)中，[6]华盛顿巡回法院根据美国《超级基金法案》审查了该机构在规范制定上的折现率的选择。[7] 这些案例与国营农场案[8]、《行政程序法案》“武断和恣意妄为”[9]原则的要求相同，[10]需要清楚地证明行政机关适用成本收益分析的合理性。结论是，法院能够并且应该审查成本收益分析方法，尤其是行政机关运用成本收益分析所选择的折现率。[11]

---

[1] See, National Grain and Feed Association v. OSHA, 866 F2d 717, 728 (5th Cir., 1988); United Automobile Workers v. OSHA, 938 F2d 1310, 1319 (DC Cir., 1991); Alabama Power Co. v. OSHA, 89 F2d 740, 746 (11th Cir., 1996), American Petroleum Institute v. OSHA, 581 F2d 493, 503 (5th Cir., 1978).

[2] 947 F2d 1201 (5th Cir., 1991).

[3] Id., at 1218.

[4] 768 F2d 1355 (DC Cir., 1985).

[5] Id., at 1412 – 14.

[6] 880 F2d 432 (DC Cir., 1989).

[7] 880 F2d 465 (DC Cir., 1989).

[8] See Motor Vehicle Manufacturers Association v. State Farm Mutual Automobile Insurance Co., 463 US 29, 33 – 34 (1983); Citizens to Preserve Overton Park, Inc. v. Volpe, 401 US 402, 416 (1971); National Coalition Against Misuse of Pesticides v. Thomas, 809 F2d 875, 882 – 83 (DC Cir., 1987).

[9] 5 USC § 706(2)(A).

[10] 5 USC § 706(2)(A)(1994)恣意和反复无常标准的确立。

[11] 根据美国《联邦程序法》的规定，有些学者认为，折现率的适用不应该被司法审查，因为这完全是行政机关裁量权的问题，参见 5 USC § 701(a)(2)(1994)。很多学者反对这种观点：Compare Raoul Berger, “Administrative Arbitrariness and Judicial Review”, 65 *Colum. L. Rev.* 55, 77 – 83 (1965). Kenneth C. Davis, 4 Administrative Law Treatise § 28.16 at 80 – 81 (West 1958). See State Farm, 463 US at 42 – 43, 51 – 57; Overton Park, 401 US at 411 – 413, 417。

(二)折现率选择的司法审查的标准

折现率的司法审查涉及两个层次的分析。首先,法院需要考虑行政机关折现的决定和对特定折现率的选择是否构成行政机关依法行政所依据法律的解释。例如,在美国谢弗林案中“两步走”标准的审查。[1] 如果一个机构的行为没有涉及法律问题,法院将会根据“武断而恣意妄为”的检验方法来审查机构决定是否涉及滥用裁量权。[2] 基于此,折现率适用的决定是一个合法性问题。其次,特定的折现率的选择是不是一个行政裁量的问题。

1. 成本收益折现率适用的决定——合法性问题的审查

美国谢弗林案确立了行政行为审查标准。[3] 法院将遵从行政机关所作的解释,如果该解释不违反法规的目的(谢弗林案第一步);如果它是合理的(谢弗林案第二步),[4]法院将通过“法律解释的传统工具”来推测国会的意图。[5] 该审查标准将通过判定该机构是否全部根据法条相关因素或者忽略了根据法条不相关的因素作出决定来测试其的合理性。[6] 这个合理性的测试,类似法院基于“武断和恣意妄为”的审查标准判断行政裁量的合理性问题。[7]

美国法院在审查成本收益分析折现率适用的问题时,根据谢弗林案第一步,意味着他们必须首先解释关于该问题的成文法以判断国会的意图。然而,大多数的成文法,例如,TSCA 和 FIFRA 并没有为实施成本收益分析提供特定的标准。也就是说,国会没有在立法中要求如何选择一个折现

---

〔1〕 467 US 837,842 -45(1984).

〔2〕 法院审查行政裁量一般基于 5 USC § 706(2)(A),(D)。

〔3〕 467 US at 837.

〔4〕 Id. ,at 842 -45. See also Ohio,880 F2d at 464.

〔5〕 Chevron,467 US at 843 n 9. See INS v. Cardozo Fonseca,480 US 421,44650(1987);Babbitt v. Sweet Home Chapter of Communities for a Great Oregon,515 US 687,703 -05(1995).

〔6〕 See Chevron,467 US at 845;State Farm,463 US at 42 -44.

〔7〕 See Ronald M. Levin,“The Anatomy of Chevron:Step Two Reconsidered”,72 *ChiKent L. Rev.* 1253,1266 -77(1997).

率。法院将继续进行下一步的分析,即谢弗林案第二步,审查适用成本收益分析这个行政决策的合理性。因此,在少数情况下,当法庭已经审查行政机关的决定和未来成本收益分析时,他们会关注该决定的合理性,而不是该决定是否与成文法的目的紧密相关。例如,有关防腐蚀的设备问题,法院认为美国环保署如果没有低估未来的收益,将会产生不合理的行为。"因为美国环保署必须折算成本以保证其正确的评估,也应该折算收益去保证每一个公平合理的选择,即使它需要花费一定的成本。"[1]而在美国的俄亥俄州,州法院认为,政府在根据预算管理委员会的规则折现未来收益时,不符合谢弗林案第二步合理性的要求,因而判决延期行政行为的行使,[2]政府在关于腐蚀性设备问题上,在不折现收益的情况下折现成本,[3]首先就是一个重要的政策选择问题。[4]

行政机关应该用合理的方法来评估监管的成本和收益,法院会依靠最基本的法律语言,得出同样的但是更为简单的结论。防腐蚀设备案和俄亥俄州案得出了正确的结论:折现是合理的,不折现是任意的。这正是气体设备制造商协会和能源部一案中得出的结论,[5]在华盛顿特区要求法规和规则应该是"充分分析经济成本和收益,以及对于各方面的影响"。[6]法院认为,这种语言要求该机构在成本收益分析中使用合理方法。[7] 而合理的成本收益分析的关键在于正确的折现率选择。

2. 成本收益分析特定折现率的选择——对行政裁量权正当行使的审查

在美国,大多数法院把折现率的选择作为一个行政裁量权的问题。除

---

〔1〕 947 F2d at 1218.

〔2〕 880 F2d at 465.

〔3〕 947 F2d at 1218.

〔4〕 880 F2d at 465.

〔5〕 998 F2d 1041(DC Cir. ,1993).

〔6〕 998 F2d 1044(DC Cir. ,1993). 1976 年美国《能源保护标准》(The Energy Conservation Standards for New Buildings Act of 1976),42 USC § 6839(1988),被 1992 年美国《能源政策法案》取代。See the Energy Policy Act of 1992,Pub L No. 102486,Title I § 101(a)(2),106 Stat 2776,2783.

〔7〕 998 F2d at 1045 – 46.

非法律要求变革审查,[1]美国法院将《行政程序法》的“武断和恣意妄为”标准作为行政机关的选择。[2] 美国联邦最高法院解释本标准时,要求法院以“严格标准”(hard look review)来审视折现率的选择,并审查是否提供了详细的解释,深入调查合理性的选择,认定与法律相关的因素,忽略与法律不相关的因素。[3]

尽管要求法院以“严格标准”审查,但是在实际操作中,大多数法院采取了“宽松审查标准”(soft look review)[4]审视政府选择适用的折现率。例如,在耐腐蚀性设备问题上,美国第五巡回法庭撤销了环保署有关的3%的折现率,因为“历史上真正的折现率往往变化在2%至4%”。[5] 法庭没有考虑折现率的替代措施,也没有询问环保署在采用这样的折现率时是否得当。同样,在俄亥俄州案,华盛顿特区巡回法院撤销了作出对内政部有关折现率10%的选择,法院要求说明政策选择的理由,否则不能适用。[6] 然而,行政机关没有给出理由是什么,只是修改了未来的折现率。[7]

华盛顿特区巡回法庭试图通过对机构折现率基础理论的探讨强化“宽松审查标准”的优势。在北部加利福尼亚电力公司一案中,[8]各方争议是否通过核实的折现率反映社会成员的折现率评价(美国联邦能源管理委员会主张)或者是城市政府的借贷成本(原告主张)。[9] 在审查折现基本理

[1] TSCA适用了实体性证据标准(substantial evidence review). See 15 USC § 2618(c)(1)(B)(i).

[2] See 5 USC § 706(2)(A);Overton Park,401 US at 413 - 16.

[3] See State Farm,463 US at 43 - 44;Vermont Yankee Nuclear Power Corp v. Natural Resources Defense Council, Inc. ,435 US 519,549 - 55(1978);Overton Park,401 US at 415 - 17. See Scenic Hudson Preservation Conference v. FPC,354 F2d 608,617 - 18,620 - 22(2d Cir. ,1965).

[4] 宽松标准,即“soft look”是从皮尔斯的一篇文章中借鉴而来的说法。See Richard J. Pierce,“Judicial Review of Agency Actions in a Period of Diminishing Agency Resources”,49 *Admin L. Rev.* 61,90(1997).

[5] 947 F2d at 1218.

[6] 880 F2d at 465.

[7] 880 F2d at 465.

[8] 37 F3d 1517(DC Cir. ,1994).

[9] Id. ,at 1522 - 23.

论时,法院认为合理的折现率可以反映社会成员共同选择的折现率。[1] 然而法院没有询问美国联邦能源管理委员会特定的折现率(15%)是否可以很好地衡量社会折现率的适当性。

同样,在惠灵顿,特区巡回法院通过能源效率标准的成本收益分析判决能源部(Department of Energy,DOE)的折现率无效。[2] 通过运用“严格审查标准”,法院认为能源部没有解释他们提出的折现率是如何得出的。与此形成鲜明对比的是在俄亥俄州案,华盛顿巡回法院坚持行政机关不能仅依赖美国预算管理委员会指导规则来证明其选择。“颇有争议的美国预算管理委员会本质上是通过大概的指导使政府机构不能解释其选择的折现率。”[3]法院判决指出:“折现率的重大结果尤其重要,能源部需要认真地固定折现率,并简单明了地解释其作出的决定。”[4]虽然惠灵顿严格审查了能源部的决定,但是此案是基于“宽松审查标准”作出的,法院事实上并没有提供相应的标准来审查机构折现率。

(三)折现率审查的逻辑框架

美国法院构建三步法逻辑框架对折现率的选择进行审查:

第一步,必须找到至少一个“相当简洁”的解释来说明折现率选择的合法性。

第二步,法院审查是否是一个合理的选择。在资本的机会成本(Opportunity cost of capital,OCC)和社会时间偏好率(Social time preference rate,SRTP)两者之间做选择时,先考量政策问题,再判断解释方法问题。如果行政机关没有办法证明存在替代方法和解释,则可以认定行政机关构成滥用行政裁量权。

第三步,行政机关在 OCC 和 SRTP 作出的选择,法院应该考虑行政机

[1] 37 F3d 1522 – 23(DC Cir. ,1994).

[2] 768 F2d at 1410 – 14.

[3] Id. ,at 1413.

[4] 768 F2d at 1414.

关是否有合理的理由来证明其选择的方法的正当性。OCC和SRTP涉及了两种截然不同的方法论。如果行政机关选择使用OCC,它必须考虑是不是金融交易市场提供的资产,以及对于拟议的类似监管的交易策略和期限结构。此外,该行政机关必须适应退税的市场汇率、风险、通货膨胀和由于信贷约束造成的扭曲。最后,行政机关应该考虑是否从投资或者消费中转移资源。相反,如果行政机关选择适用SRTP,法院应该询问机构是否把未来收益转化为消费等价物。此外,行政机关应该减少对未来收益的占用可能从自认投资转移的监管,从而降低对未来的消费。[1]

对机构折现率的"严格"审查,不会使行政机关不作折现率选择,在该领域内这种方式将会比法院产生更大的作用。"严格"审查需要法院具有税收司法资源或者需要法官有特殊的专业知识。相反,在"严格"审查折现率情况下,法院将会询问一系列简单的问题。比如,法院一般会问审查行政机关的行政裁量权[2]并确定该行政机关如何解释这个选择是SRTP和OCC之间的相关的选择?[3] 行政机关是否考虑了这两种方法中的相关因素?[4]

对机构折现率的"严格审查"原则将提高对成本收益分析司法审查的成本。成本会上升的原因,一方面,是美国联邦行政程序法[5]还是判例法都需要严格考虑"严格审查"层面上的问题;另一方面,是法院对折现率的问题也并不精通,导致了额外成本的产生。

此外,尽管"严格审查"标准会使机构增加成本,要求它们更详细地说明对折现率的选择,然而这些成本的增加也使它们作出社会成本收益时更加谨慎,并合理考虑成本收益分析中使用的方法。成本收益分析的主要目标是帮助行政机关识别各种监管策略的优势和劣势,从而通过分配稀缺的

[1] 这一部分体现了严格审查原则(hard look review)的运用。
[2] 参见 State Farm 案,463 US at 43;SEC v. Chenery 案,318 US 80,94(1943)。
[3] 参见 State Farm,463 US at 43;Scenic Hudson 案,354 F2d at 624 – 25。
[4] 参见 Overton Park 案,401 US at 416。
[5] 5 USC § 706(2)(A).

资源来促进社会福利最优化。[1] 合理化的行政决策、成本收益分析可以提高监管机构的效率,促进政治问责制度的发展。[2] 然后,当政府缺乏有意义的标准进行成本收益分析时,也会为错误粉饰外观。[3] 因此"严格的审查标准"会加强成本收益分析,鼓励机构更好地发展与理论一致的分析方法。

严格审查将会明显地改变机构选择折现率的方法,在美国法院渐渐不再适用严格审查标准。法院在审查的过程中发现,行政机关经常没有办法依据美国预算管理委员会的指引来判断折现率选择的适当性。尽管美国预算管理委员会采用了 OCC 方法并且为这一选择提供了精确的解释,从而通过了严格审查的前两层分析,然而美国预算管理委员会在第三层分析上却失败了,因为它没有对应用 OCC 方法作足够的解释。尤其是美国预算管理委员会提倡 7% 的折现率,且没有为税金和风险而作出调整。

而美国环境保护署的折现率普遍不会通过严格审查。行政机关对不同的规则选择不同的折现率,通常不能为这种差异提供任何解释。[4] 实际上,美国环境保护署的实践看起来是武断的,因为它经常为了规范将来成本而选择相对高的折现率(7% ~10%),[5]同时为了规范将来收益而选择低折现率(3% 左右)。[6] 如果机构不能为它们的选择提供契合的解释,它的折现率将无法通过严格审查的第二层分析。

相比之下,美国的能源规则可能通过严格审查。该机构为它建立特定

---

〔1〕 See Breyer, Breaking the Vicious Circle at 10 – 29 and Cass R. Sunstein, *Free Markets and Social Justice* 289 – 94 (Oxford 1997). See Thomas O. McGarity and Sidney A. Shapiro, "OSHA's Critics and Regulatory Reform", 31 *Wake Forest L. Rev.* 587, 622 – 32 (1996).

〔2〕 See 48 Stan L. Rev. at 252 – 53.

〔3〕 See 18 J. Envir. Econ. & Mgmt at S – 66.

〔4〕 See EPA, Protection of Stratospheric Ozone, 58 Fed Reg at 8163.

〔5〕 See EPA, Control of Air Pollution from New Motor Vehicles and New Motor Vehicle Engines: Voluntary Standards for Light-Duty Vehicles, 62 Fed Reg 31192, 31215 (1997); EPA, Amended Proposed Test Rule for Hazardous Air Pollutants, 62 Fed Reg 67466, 67477 (1997).

〔6〕 61 Fed Reg 45778, 45808 (1996).

主要家用器具能源保存规则的折现率选择提供了详细证明。[1] 在审查了SRTP和OCC方法的理论和实践方面之后,该部门暂时选择了OCC方法,并标明“必须考虑将更多经济资源投入生产和消费节能设施中,以及更少国家资源到其他可替代投资类型的机会成本”。[2]

并非所有机构的选择都与严格审查下的评估一样简单。一种较复杂的情况是由美国国家海洋和大气管理局(National Oceanic and Atmospheric Administration,NOAA)在成立评估破坏自然资源和减轻这些损失的费用标准时产生的。[3] NOAA曾考虑SRTP和OCC,用以解释理论和各相关替代方法问题。[4] 该机构最终主张以3%的折现率评估对自然资源的损害,因为该比率在SRTP现有的估计下是合理的,这个比率很接近无风险国库券的实际税后回报率,以及相对低折现率可能对于不在市场上交易的商品(自然资源)是适当的。[5] 然而遗憾的是,NOAA认为关于不同的折现率应适用于储存自然资源的收益(自然资源损害的价值)和成本(减少的损害)并没有一致的解释。尽管行政机关提倡用SRTP方法计算收益,[6]它在计算成本时仍支持较高的OCC比率。[7] 这一不合逻辑的决定将会使其无法通过严格审查。

折现率是成本收益分析的一个关键要素。成本收益分析在提高监管决策的价值方面很大程度上取决于折现率的合理性。折现率的微小不同可以显著偏置该分析。尽管折现率如此重要,法院仍然未能建立一个审查机构折现率选择的审查标准。在机构实践方面显示出折现率上的差异越来越广泛并且普遍无从解释的情况下,这变得尤其困难。不仅不同的机构

---

[1] 58 Fed Reg at 47333 - 35.

[2] Id. ,at 47335.

[3] Department of Commerce,NOAA,“Natural Resource Damage Assessments”,61 *Fed Reg* at 450 - 57.

[4] Id. ,at 453 - 454.

[5] Id.

[6] Id. , at 454.

[7] Id. ,at 456.

采用不同的折现率,同样的机构有时也毫无理由地在不同的法规上采用不同的比率。

折现率司法审查强调成本收益分析,作为一个门槛性的要素,法院应当发现;作为一个法律问题,如果政府不能够折现将来的成本和收益,即使是为了后代,他们也是不合理地行事。另外,法院应当对机构的折现率的选择实施"严格审查"并且提出三个基本问题:政府的选择有记录吗?政府对它在折现率可替代方法上的选择作出解释了吗?是 SRTP 还是 OCC?机构考虑运用所选择方法的相关因素了吗?尽管这些问题是严格审查的标准方法,它们将会代表折现率司法审查上的一个重大进步。更重要的是,"严格审查"将会大大激励政府采用道德上和经济上合理的折现率。

结　语

经济学成本收益分析原则以解决实际问题为目的的实用主义哲学为功能定位,以定量分析与定性分析相结合的科学性为方法论,以事实与规范问题相分离为程序结构特点,如果我国行政法采用,则能够缓解我国行政法既有基本原则之间的内在张力,并与比例原则形成交相辉映的功效。成本收益分析原则具有针对事实认定的科学化过程、针对价值判断的民主化过程和替代性方案形成过程的三步法的逻辑结构,其核心技术在于运用统一尺度权衡待审查的法律规则或政策举措可能导致的各类有利和不利后果,在此基础上比较待审查举措与其他可能的替代性举措,最终判断何者更有助于促成社会福利的最优。运用成本收益分析原则对重大行政决策法治化和行政复议双被告制度等问题的利弊分析显示,这一原则具有极强的现实解释力,能够作为我国行政法的基本原则获得更为广泛的适用。

成本收益分析原则在我国行政法上的适用具有“宏观层面的广泛性”与“微观层面的特定性”双重属性。所谓“宏观层面的广泛性”,是指成本收益分析的原理与法治政府的基本理念是相同的,任何行政活动都应该量入而出,而不是不计成本或一意孤行而行使行政权力;所谓“微观层面的特定性”,是指成本收益分析原则在每一个行政领域的每一个问题上都具有特定性,分析思路、方法、方案都是特定的,演绎法和数学模型的使用,具有形式化、定量化、精确化和逻辑一致性。作为我国行政法中最富有工具性价值的原则,成本收益分析原则的核心特点就是程序化与技术化。为此,本书更多关注的是理论的建构问题,并未将重点放在技术的介绍与应用上。一则进行成本收益分析的技术有很多种,本书不能穷尽;二则成本收益分析原则并不局限在某种技术,而技术性问题在行政法中的运用必须要与行政法学理与实践的发展需要相结合,是经过不断地摸索、研讨、实验与发展而渐渐成熟的过程。

需要指出的是,行政法成本收益分析原则的建构所涉及的领域非常宽泛。从某种意义上来说,是在“政府—市场—社会”的三元互动结构关系中寻找政府介入复杂利益的绩效评价的过程,也是基于此的行政行为合法性、合理性与有效性的判断过程。成本收益分析原则的建立,对行政法专家在复杂行政行为判断中作为主导提出了更高要求。在一个需要经过成本收益分析原则进行分析的问题中,在定量与定性分析中、事实与价值分析的过程中,交叉学科的智识融合是必不可少的,行政法学者必须熟知经济学和其他相关学科知识的基本原理及在行政法中可结合适用的空间。有关成本收益分析原则在行政法上的进一步适用,笔者将在后续研究中继续深入展开。

参考文献

（一）中文文献

[1]唐明良:《广告监管中的法与理》,社会科学文献出版社 2009 年版。

[2]周旺生:《立法学》,法律出版社 2004 年版。

[3]汪全胜:《法律绩效评估机制论》,北京大学出版社 2010 年版。

[4]张建华等:《艾滋病防治条例立法后评估报告》,中国法制出版社 2009 年版。

[5]席涛:《立法评估:评估什么和如何评估》,中国政法大学出版社 2012 年版。

[6]周汉华:《政府监管与行政法》,北京大学出版社 2007 年版。

[7]杨建顺:《行政规制与权利保障》,中国人民大学出版社 2007 年版。

[8]王俊豪:《政府管制经济学导论——基本理论及其在政府管制实践中的应用》,商务印书馆 2001 年版。

[9]余晖:《管制与自律》,浙江大学出版社 2008 年版。

[10]张红凤:《西方规制经济学的变迁》,经济科学出版社 2005 年版。

[11]马英娟:《政府监管机构研究》,北京大学出版社 2006 年版。

[12]高世楫、俞燕山:《基础设施产业的政府监管——制度设计和能力建设》,社会科学文献出版社 2010 年版。

[13]王俊豪等:《美国联邦通信委员会及其运行机制》,经济管理出版社 2003 年版。

[14]王俊豪:《英国政府管制体制改革研究》,上海三联书店 1998 年版。

[15]徐梅:《日本的规制改革》,中国经济出版社 2003 年版。

[16]陈若英:《活水清渠——法律制度运行的信息机制》,法律出版社 2014 年版。

[17]应飞虎:《信息失灵的制度克服研究》,法律出版社 2004 年版。

[18]徐信贵:《政府公共警告的法律问题研究》,法律出版社 2014 年版。

[19]段礼乐:《市场规制工具研究》,清华大学出版社 2018 年版。

[20]张卿:《行政许可:法和经济学》,北京大学出版社 2013 年版。

[21]郭志斌:《论政府激励性管制》,北京大学出版社 2002 年版。

[22]李霞:《行政合同研究——以公私合作为背景》,社会科学文献出版社 2015 年版。

[23]杨桦、邓搴:《政府公共服务外包:风险防范及法律规制》,法律出版社 2019 年版。

[24]席涛、吴秀尧、陈建伟译:《OECD 监管影响分析:经济合作与发展组织(OECD)监管影响分析指引》,中国政法大学出版社 2015 年版。

[25]席涛:《美国管制:从命令—控制到成本—收益分析》,中国社会科学出版社 2006 年版。

[26]朱宝丽:《合作监管法律问题研究》,法律出版社 2018 年版。

[27]宋亚辉:《社会性规制的路径选择:行政规制、司法控制抑或合作规制》,法律出版社 2017 年版。

[28]袁文峰:《公私合作在我国的实践及其行政法难题研究》,中国政法大学出版社 2018 年版。

[29]邹焕聪:《公私合作法律问题研究》,人民出版社 2018 年版。

[30]陈军:《变化与回应:公私合作的行政法研究》,中国政法大学出版社 2017 年版。

[31]廖义铭:《产业自律性管制》,翰芦图书出版有限公司 2005 年版。

[32]杨欣:《民营化的行政法研究》,知识产权出版社 2008 年版。

[33]敖双红:《公共行政民营化法律问题研究》,法律出版社 2007 年版。

[34]金自宁:《风险中的行政法》,法律出版社 2014 年版。

[35]赵鹏:《风险社会的行政法回应——以健康、环境风险规制为中心》,中国政法大学出版社 2018 年版。

[36]戚建刚:《灾难性风险行政法规制的基本原理》,法律出版社 2015 年版。

[37]林泰:《行政法国际化研究——论全球治理语境下国际行政法的产生》,人民出版社 2013 年版。

[38]郑丽珍:《跨国劳动监管制度的重构》,社会科学文献出版社 2014 年版。

[39]高臻:《国际投资争端的全球治理》,社会科学文献出版社 2018 年版。

[40]叶俊荣:《环境政策与法律》,中国政法大学出版社 2003 年版。

[41]叶俊荣:《气候变迁治理与法律》,台大出版中心 2015 年版。

[42]齐晔等:《中国环境监管体制研究》,上海三联书店 2008 年版。

[43]章志远:《行政任务民营化法制研究》,中国政法大学出版社 2014 年版。

[44]冉冉:《中国地方环境政治:政策与执行之间的距离》,中央编译出版社 2015 年版。

[45]张宝:《环境规制的法律构造》,北京大学出版社 2018 年版。

[46]吴贤静:《土壤环境风险法律规制研究》,中山大学出版社 2019 年版。

[47]辛年丰:《环境风险的公私协力——国家任务变迁的观点》,台北,元照出版有限公司 2014 年版。

[48]冯露:《环境纠纷行政解决机制实证研究》,北京大学出版社 2016 年版。

[49]伏创宇:《核能规制与行政法体系的变革》,北京大学出版社 2017 年版。

[50]陈春生:《核能利用与法之规制》,月旦出版社股份有限公司 1995 年版。

[51]孟戈非:《未被揭开的谜底:中国核反应堆事业的曲折道路》,社会科学文献出版社 2002 年版。

[52]沈岿:《食品安全、风险治理与行政法》,北京大学出版社 2018 年版。

[53]孙娟娟:《食品安全比较研究——从美、欧、中的食品安全规制到全球协调》,华东理工大学出版社 2017 年版。

[54]王贵松:《日本食品安全法研究》,中国民主法制出版社 2009 年版。

[55]戚建刚:《共治型食品安全风险规制研究》,法律出版社 2017 年版。

[56]刘鹏:《中国食品安全:从监管走向治理》,中国社会科学出版社 2017 年版。

[57]刘亚平:《走向监管国家——以食品安全为例》,中央编译出版社 2011 年版。

[58]颜海娜:《食品安全监管部门间关系研究:交易费用理论的视角》,中国社会科学出版社 2010 年版。

[59]邢鸿飞、徐金海:《公用事业法原论》,中国方正出版社 2009 年版。

[60]邢鸿飞等:《公用事业特许经营法律问题研究》,法律出版社 2018 年版。

[61]李嘉娜:《市政公用事业监管的行政法研究》,中国政法大学出版社 2012 年版。

[62]张昕竹、让·雅克·拉丰、安·易斯塔什:《网络产业:规制与竞争理论》,社会科学文献出版社 2000 年版。

[63]肖竹:《竞争政策与政府规制——关系、协调及竞争法的制度构建》,中国法制出版社 2009 年版。

[64]王军:《为竞争而管制——出租车业管制改革国际比较》,中国物资出版社 2009 年版。

[65]容继业:《美国政府民航政策之研究:从改革到解制之变革(1974 ~ 1978)》,扬智文化事业股份有限公司 2003 年版。

[66]谭克虎:《美国铁路业管制研究》,经济科学出版社 2008 年版。

[67]肖兴志:《中国铁路产业规制:理论与政策》,经济科学出版社 2004 年版。

[68]荣朝和:《探究铁路经济问题》,经济科学出版社 2004 年版。

[69]刘孔中、王红霞:《通讯传播法新论》,法律出版社 2012 年版。

[70]尹少成:《邮政业监管的行政法研究》,中国政法大学出版社 2016 年版。

[71]张红:《证券行政法专论》,中国政法大学出版社 2017 年版。

[72]洪艳蓉:《金融监管治理——关于证券监管独立性的思考》,北京大学出版社 2017 年版。

[73]陈婉玲:《独立监管组织法律研究》,上海人民出版社 2011 年版。

[74]卢超:《规制、司法与社会团结——美国土地开发负担政策的考察》,上海人民出版社 2016 年版。

[75]王克稳:《经济行政法基本论》,北京大学出版社 2004 年版。

[76]宋亚辉:《虚假广告的法律治理》,北京大学出版社 2019 年版。

[77]唐明良:《广告监管中的法与理》,社会科学文献出版社 2009 年版。

[78]朱新力等:《彩票业的政府管制与立法研究》,浙江大学出版社 2007 年版。

[79]俞荣根主编:《地方立法后评估》,中国民主法制出版社 2009 年版。

[80]刘恒主编:《典型行业政府规制研究》,北京大学出版社 2007 年版。

[81]宋华琳、傅蔚冈主编:《规制研究》(第 1 辑:转型时期的社会性规制与法治),格致出版社、上海人民出版社 2008 年版。

[82]宋华琳、傅蔚冈主编:《规制研究》(第 2 辑:食品与药品安全的政府监管),

格致出版社、上海人民出版社 2009 年版。

[83]经济合作与发展组织编:《OECD 国家的监管政策:从干预主义到监管治理》,陈伟译,高世楫校,法律出版社 2006 年版。

[84]张汉林、蔡春林等编译:《韩国规制改革——经济合作与发展组织考察报告》,上海财经大学出版社 2007 年版。

[85]刘恒主编:《行政许可与政府管制》,北京大学出版社 2007 年版。

[86]余凌云主编:《全球时代下的行政契约》,清华大学出版社 2010 年版。

[87]吴浩、李向东编:《国外规制影响分析制度》,中国法制出版社 2010 年版。

[88]王维达主编:《以私法完成公共任务》,百家出版社 2003 年版。

[89]余晖、秦虹主编:《公私合作制的中国试验》,世纪出版集团、上海人民出版社 2005 年版。

[90]陈建安编:《日本公有企业的民营化及其问题》(复旦大学日本研究中心第五届国际学术研讨会论文集),上海财经大学出版社 1996 年版。

[91]金自宁编译:《风险规制与行政法》,法律出版社 2012 年版。

[92]刘刚编译:《风险规制:德国的理论与实践》,法律出版社 2012 年版。

[93]沈岿主编:《风险规制与行政法新发展》,法律出版社 2013 年版。

[94]张昕竹主编:《中国规制与竞争:理论与政策》,社会科学文献出版社 2000 年版。

[95]张昕竹主编,汪向东、李雪松副主编:《中国基础设施产业的规制改革与发展》,国家行政学院出版社 2002 年版。

[96]荣朝和编著:《西方运输经济学》,经济科学出版社 2002 年版。

[97]张红编译:《资本市场系统性风险的法律规制》,中国政法大学出版社 2016 年版。

[98]朱芒、陈越峰主编:《现代法中的城市规划:都市法研究初步》,法律出版社 2012 年版。

[99][美]费希尔:《公共政策评估》,吴爱明等译,中国人民大学出版社 2003 年版。

[100][美]史蒂芬·布雷耶:《规制及其改革》,李洪雷等译,北京大学出版社 2008 年版。

[101][英]罗伯特·鲍德温等编:《牛津规制手册》,宋华琳等译,上海三联书店 2017 年版。

[102][英]科林·斯科特:《规制、治理与法律:前沿问题研究》,安永康译,宋华琳校,清华大学出版社2018年版。

[103][英]安东尼·奥格斯:《规制:法律形式与经济学理论》,骆梅英译,中国人民大学出版社2008年版。

[104][美]凯斯·R.桑斯坦:《权利革命之后:重塑规制国》,钟瑞华译,中国人民大学出版社2008年版。

[105][美]凯斯·R.桑斯坦:《自由市场与社会正义》,金朝武译,中国政法大学出版社2002年版。

[106][英]迈克·费恩塔克:《规制中的公共利益》,戴昕译,中国人民大学出版社2014年版。

[107][美]马克·艾伦·艾斯纳:《规制政治的转轨》(第2版),尹灿译,中国人民大学出版社2015年版。

[108][日]植草益:《微观规制经济学》,朱绍文等译,中国发展出版社1992年版。

[109][美]丹尼尔·F.史普博:《管制与市场》,余晖等译,格致出版社、上海三联书店、上海人民出版社2017年版。

[110][美]W.吉帕·维斯库斯、小约瑟夫·E.哈林顿、约翰·M.弗农:《反垄断与管制经济学》(第4版),陈甬军等译,机械工业出版社2010年版。

[111][法]让-雅克·拉丰:《规制与发展》,聂辉华译,中国人民大学出版社2009年版。

[112][英]托尼·普罗瑟:《政府监管的新视野:英国监管机构十大样本考察》,马英娟、张浩译,译林出版社2020年版。

[113][英]克里斯托弗·胡德、科林·斯科特、奥利弗·詹姆斯:《监管政府:节俭、优质与廉政体制设置》,陈伟译,生活·读书·新知三联书店2009年版。

[114][美]莱斯特·M.萨拉蒙:《政府工具:新治理指南》,肖娜等译,北京大学出版社2016年版。

[115][美]理查德·H.泰勒、卡斯·R.桑斯坦:《助推:事关健康、财富与快乐的最佳选择》,刘宁译,中信出版社2009年版。

[116][美]卡斯·桑斯坦:《为什么助推》,马冬梅译,中信出版集团2015年版。

[117][美]欧姆瑞·本·沙哈尔、卡尔·E.施耐德:《过犹不及:强制披露的失

败》,陈晓芳译,法律出版社 2015 年版。

[118][英]休·柯林斯:《规制合同》,郭小莉译,中国人民大学出版社 2014 年版。

[119][美]菲利普·库珀:《合同制治理——公共管理者面临的挑战与机遇》,竺乾威译,复旦大学出版社 2007 年版。

[120][法]让-雅克·拉丰、让·若尔:《政府采购与规制中的激励理论》,石磊、王永钦译,上海三联书店、上海人民出版社 2004 年版。

[121][英]A. C. L. 戴维斯:《社会责任:合同治理的公法探析》,杨明译,中国人民大学出版社 2015 年版。

[122][荷]威廉·范博姆、[奥]迈因·霍尔德卢卡林、[瑞士]克丽丝塔·基斯林编:《侵权法与管制法》,徐静译,中国法制出版社 2012 年版。

[123][美]盖多·卡拉布雷斯:《事故的成本:法律与经济的分析》,毕竟悦等译,北京大学出版社 2008 年版。

[124][美]雪莉·琳内·汤姆金:《透视美国管理与预算局——总统预算局内的政治与过程》,苟燕楠译,上海财经大学出版社 2009 年版。

[125][美]朱迪·弗里曼:《合作治理与新行政法》,毕洪海、陈标冲译,商务印书馆 2010 年版。

[126][日]米丸恒治:《私人行政——法的统制的比较研究》,洪英等译,中国人民大学出版社 2010 年版。

[127][美]E. S. 萨瓦斯:《民营化与公私部门的伙伴关系》,周志忍等译,中国人民大学出版社 2002 年版。

[128][德]魏伯乐等:《私有化的局限》,王小卫、周缨译,上海人民出版社 2006 年版。

[129][英]珍妮·斯蒂尔:《风险与法律理论》,韩永强译,中国政法大学出版社 2012 年版。

[130][美]凯斯·R. 桑斯坦:《最差的情形》,刘坤轮译,中国人民大学出版社 2010 年版。

[131][美]凯斯·R. 森斯坦:《风险与理性——安全、法律及环境》,师帅译,中国政法大学出版社 2005 年版。

[132][美]史蒂芬·布雷耶:《打破恶性循环:迈向有效的风险规制》,宋华琳译,法律出版社 2009 年版。

[133][美]丹尼尔·埃斯蒂:《超国家空间中的善治:全球行政法》,林泰译,法律出版社2018年版。

[134][日]黑川哲志:《环境行政的法理和方法》,肖军译,中国法制出版社2008年版。

[135][美]托马斯·思德纳:《环境与自然资源管理的政策工具》,张慰文、黄祖辉译,上海三联书店、上海人民出版社2005年版。

[136][德]马丁·耶内克、克劳斯·雅各布主编:《全球视野下的环境管治:生态与政治现代化的新方法》,李慧明、李昕蕾译,山东大学出版社2012年版。

[137][日]桥本道夫:《日本环保行政亲历记》,冯叶译,中信出版社2007年版。

[138][意]路易吉·柯斯塔托、费迪南多·阿尔彼斯尼:《欧盟食品法》,知识产权出版社2016年版。

[139][荷兰]贝尔恩德·范·德·穆伦:《食品"私法"》,孙娟娟译,知识产权出版社2019年版。

[140][美]J.格里高利·西达克、丹尼尔·F.史普博:《美国公用事业的竞争转型》,宋华琳、李鸻等译,世纪出版集团、上海人民出版社2012年版。

[141][美]戴维·E.麦克纳博:《公用事业管理:面对21世纪的挑战》,常健等译,中国人民大学出版社2010年版。

[142][英]戴维·M.纽伯里:《网络型产业的重组与规制》,何玉梅译,胡汉辉校,人民邮电出版社2002年版。

[143][美]马尔科姆·K.斯帕罗:《监管的艺术》,周道许译,中国金融出版社2006年版。

[144]台湾政治大学法学院公法研究中心编:《全球化下之管制行政法》,台北,元照出版有限公司2011年版。

[145]俞荣根:《立法后评估:法律体系形成后的一项重要工作》,载《西南政法大学学报》2011年第1期。

[146]汪全胜:《立法后评估对象的选择》,载《现代法学》2008年第4期。

[147]张禹:《立法后评估主体制度刍议》,载《行政法学研究》2008年第3期。

[148]于立深:《成本收益分析在行政法上的运用——以〈行政许可法〉第20条、21条为例》,载《公法研究》2005年第2期。

[149]赵雷:《行政立法评估之成本收益分析——美国经验与中国实践》,载《环球法律评论》2013年第6期。

［150］高秦伟：《行政许可与政府规制影响分析制度的建构》，载《政治与法律》2015 年第 9 期。

［151］刘权：《作为规制工具的成本收益分析——以美国的理论与实践为例》，载《行政法学研究》2015 年第 1 期。

［152］胡敏洁：《作为治理工具的契约：范围与边界》，载《中国行政管理》2015 年第 1 期。

［153］刘权：《均衡性原则的具体化》，载《法学家》2017 年第 2 期。

［154］毕洪海：《作为规制决策程序的成本收益分析》，载《行政法学研究》2016 年第 3 期。

［155］汪全胜：《我国立法成本效益分析制度构建的困境及出路》，载《安徽师范大学学报（人文社会科学版）》2014 年第 4 期。

［156］刘莘、金成波：《立法成本收益分析在中国：理念更新与制度确立》，载《江苏社会科学》2016 年第 3 期。

［157］王红霞：《社会性规制成本分析必要性与前瞻》，载《东方法学》2013 年第 5 期。

［158］王天维、谢舜：《我国房地产税改革的法制争议与对策研究》，载《广西大学学报（哲学社会科学版）》2017 年第 1 期。

［159］金成波：《立法中成本收益分析制度的论争、作用及定位》，载《浙江学刊》2016 年第 1 期。

［160］冯韩美皓：《新能源汽车补贴政策的反思——基于行政法视角》，载《中共青岛市委党校・青岛行政学院学报》2016 年第 3 期。

［161］蒋海洪：《政府规制影响评估制度的法经济学思考——以医疗器械规制评估为例》，载《广东商学院学报》2013 年第 2 期。

［162］孙晓东：《立法的环境影响评估分析》，载《华东理工大学学报（社会科学版）》2015 年第 2 期。

［163］刘安庆：《构建“互联网 + 公共服务”体系　加快提升公共服务水平的思考》，载《机构与行政》2016 年第 8 期。

［164］郑雅方：《成本收益分析方法适用的司法审查——以美国法上“护河者案”为中心的考察》，载《华东政法大学学报》2015 年第 1 期。

［165］魏晓东：《格式合同及其规制——一个“成本—收益”的分析思路》，载《研究生法学》2013 年第 3 期。

[166]阳李、吴应甲:《美国行政法演化路径探析——一个法律史的视角》,载《北华大学学报(社会科学版)》2017 年第 6 期。

[167]陈莉、黄远水:《景区门票价格管理利益相关方成本—收益分析》,载《黎明职业大学学报》2015 年第 1 期。

[168]谢寄博:《成本收益分析法对行政审批标准的改造——借鉴美国经验的分析》,载《甘肃社会科学》2016 年第 6 期。

[169]邓凯:《"经济人"的行为选择——政府信息公开的成本收益分析》,载《法制与社会》2017 年第 4 期。

[170]钱玉文:《消费安全规制的法经济学分析》,载《消费经济》2014 年第 4 期。

[171]刘恺:《行政垄断成因的法经济学分析》,载《中国商贸》2013 年第 30 期。

[172]陈文清:《法律经济学视角下城管执法问题的应对策略——以摊贩管理为对象》,载《天府新论》2018 年第 5 期。

[173]王青斌:《反思行政复议机关作共同被告制度》,载《政治与法律》2019 年第 7 期。

[174]任晓春、郭梦晨:《中国人偏好信访的经济学解释:基于信访者视角的分析》,载《社科纵横》2019 年第 6 期。

[175]宋华琳:《美国当代行政法学人谱》,载《公法研究》2014 年第 1 期。

[176]龚康、黄婷:《行政诉讼立案登记制的收益成本分析》,载《沈阳工程学院学报(社会科学版)》2017 年第 1 期。

[177]廖丽环:《行政法下政府规制成本与收益分析——以全国六个城市的限牌令为例》,载《福建警察学院学报》2015 年第 5 期。

[178]高景芳:《职业许可程序的法经济学分析》,载《中国劳动》2016 年第 18 期。

[179]吴秀尧:《奥巴马政府监管的行为法经济学分析——"成本收益国家"在"行为时代"的人性化改革》,载《时代法学》2013 年第 4 期。

[180]钱鹤群:《全面依法治国背景下的行政立法评估制度研究》,载《人民论坛·学术前沿》2018 年第 17 期。

[181]钱鹤群:《欧盟规制影响评估制度及其对我国规制改革的启示》,载《学习与探索》2019 年第 2 期。

[182]庞亮:《我国农村土地信托流转机制研究》,东北农业大学经济管理学院

2013 年博士学位论文。

[183]李志强:《法律影响评估指标体系研究》,山东大学法学院 2016 年博士学位论文。

[184]洪一军:《新制度经济学视野下的反垄断集团诉讼制度研究》,江西财经大学法学院 2016 年博士学位论文。

[185]吴学嘉:《我国涉法涉诉信访制度废除探究》,山东大学法学院 2016 年硕士学位论文。

[186]黄显鸿:《经济立法的成本效益分析》,中国科学技术大学法学院 2014 年硕士学位论文。

[187]刘欢妮:《基于成本与收益分析的腐败行为及其治理》,广西大学公共管理学院 2016 年硕士学位论文。

[188]张文霄:《政府干预市场经济行为的行政法规制研究》,云南大学法学院 2015 年硕士学位论文。

[189]陈锐:《美国规制影响评价制度及启示》,华东师范大学法学院 2016 年硕士学位论文。

[190]艾宪冬:《加拿大立法成本收益评估制度研究》,山东大学法学院 2016 年硕士学位论文。

[191]李仲林:《我国商业银行综合化经营监管制度研究》,西南政法大学法学院 2018 年博士学位论文。

[192]刘明奎:《基层法官审判风险规避行为研究》,吉林大学法学院 2019 年博士学位论文。

[193]王杏:《行政许可评价制度中的必要性标准研究》,苏州大学法学院 2017 年硕士学位论文。

[194]李璐:《立法后评估》,中国政法大学法学院 2013 年硕士学位论文。

(二)英文文献

[1] Stephen G. Breyer, *Administrative Law and Regulation: Problems, Text, and Cases*, Aspen Publishers, 2002.

[2] David H. Rosenbloom, *Handbook of Regulation and Administrative Law*, Marcel dekker, 2003.

[3] Daniel H. Cole & Peter Z. Grossman, *Principles of Law and Economics*, 318 (2005).

[4] Anthony E. Boardman et al. , *Cost-Benefit Analysis*, 165 (1st ed. 1996).

[5] Kenneth Culp Davis, *Discretionary Justice: A Preliminary Inquiry*, Urbana, Chicago, London: University of Illinois Press, 1971.

[6] Ronald Dworkin, *Taking Rights Seriously*, Cambridge Massachusetts: Harvard University Press, 1971.

[7] D. J. Galligan, *Discretionary Powers: A Legal Study of Official Discretion*, Oxford: Clarendon Press, 1986.

[8] Keith Hawkins, *The Use of Discretion, Oxford: Clarendon Press*, 1992.

[9] Frank Johnson Goodnow, *The Principles of the Administrative Law of the United States*, New York: Putnam, 1905.

[10] Stephen G. Breyer, Richard B. Stewart, Cass R. Sunstain, Adrian Vermeule, *Administrative Law and Regulatory Policy*, 6th ed. , New York: Aspen Publisher, 2006.

[11] Martin Loughlin, *Public Law and Political Theory*, Oxford: Clarendon Press, 1992.

[12] Robert Baldwin, *Rule and Government*, Oxford: Clarendon Press, 1995.

[13] Cornelius M. Kerwin, *Rulemaking: How Government Agencies Write Law and Make Policy*, 3rd ed. , Washington D. C. : CQ Press, 2003.

[14] Kenneth Culp Davis, *Administrative Law Treatise*, 2nd ed. , San Diego: K. C. Davis Pub. Co. , 1978.

[15] Stephen G. Breyer, Richard B. Stewart, Cass R. Sunstain, Matthew L. Spitzer, *Administrative Law and Regulatory Policy: Problems, Text and Cases*, 5th ed. , New York: Aspen Law & Business, 2002.

[16] Fred Riggs, *The Ecology of Public Administration*, New Delhi: Asia Publishing House, 1962.

[17] Michael Asimow, Arthur Earl Bonfield, Ronald M. Levin, *State and Federal Administrative Law*, 2nd ed. , Saint Paul: West Group, 1998.

[18] Grary C. Bryner, *Bureaucratic Discretion*, New York: Pergamon Press, 1987.

[19] Matthew D. Adler, Eric A. Posner, *Cost-Benefit Analysis: Legal, Economic, and Philosophical Perspectives*, Chicago: The University of Chicago Press, 2001.

[20] Richard J. Pierce, jr. , Shapiro, Paul R. Verkuil, *Administrative Law and Process*, 3rd ed. , New York: Foundation Press, 1999.

[21] Kenneth Culp Davis, *Discretionary Justice in Europe and America*, 6th ed., Urbana, Chicago, London: University of Illinois Press, 1976.

[22] Arthur Earl Bonfield, *State Administrative Rule Making*, Boston, Toronto: Little, Brown and Company Press, 1986.

[23] Kathleen M. Sullivan, Gerald Gunther, *Constitutional Law*, 6th ed., New York: Foundation Press, 2007.

[24] Sabino Cassese (Editor), *Research Handbook on Global Administrative Law*, Edward Elgar, 2016.

[25] Colin Scott, Fabrizio Cafaggi and Linda Senden (ed.), *The Challenge of Transnational Private Regulation: Conceptual and Constitutional Debates*, Wiley-Blackwell, 2011.

[26] Neil Gunningham, Peter Grabosky & Darren Sinclair, *Smart Regulation: Designing Environmental Policy*, Clarendon Press, 1998.

[27] Clifford Rechtschaffen & Eileen Gauna, *Environmental Justice: Law, Policy and Regulation*, Carolina Academic Press, 2002.

[28] Cary Coglianese & Jennifer Nash, *Regulating from the Inside: Can Environmental Management Systems Achieve Policy Goals?*, Resources for the Future, 2001.

[29] Richard Posner, *Catastrophe: Risk and Response*, Oxford University Press, 2004.

[30] David Levi-Faur (Editor), *Handbooks on the Politics of Regulation*, Edward Elgar, 2011.

[31] John Braithwaite, *Regulatory Capitalism: How it Works, Ideas for Working Better*, Edward Elgar, 2008.

[32] Robert Baldwin, et al. (eds.), *Understanding Regulation*, OUP 2011.

[33] Bronwen Mogan & Karen Young, *An Introduction to Law and Regulation: Case and Materials*, Cambridge University Press, 2007.

[34] Marc Allen Eisner, Jeff Worsham & Evan J. Ringquist, *Contemporary Regulatory Policy*, 2000.

[35] OECD, Risk and Regulatory Policy: Improving the Governance of Risk, 2010.

[36] Schwartz, Jeff, Nelson, Alexandria, "Cost-Benefit Analysis and the Conflict Minerals Rule", *Administrative Law Review* 68, 2016.

[37] Coates, John C. IV, "Cost-Benefit Analysis of Financial Regulation: A Reply", *Yale Law Journal Forum* 124, 2014 – 2015.

[38] Emiri Festus Chukwu, Arthur Omen gala Kingsley, "Cost-Benefit Analysis for Legislative Agenda in Nigeria", *International Journal of Legislative Drafting and Law Reform* 5, 2016.

[39] Rose, Paul, Walker, Christopher J., Dodd-Frank Regulators, "Cost-Benefit Analysis and Agency Capture", *Stanford Law Review Online* 66, 2013 – 2014.

[40] Michael A., Revesz, Richard L., "Environmental Law Reporter News & Analysis Livermore", *Envtl. L. Rep. News &Analysis* 46, 2016.

[41] Bayefsky, Rachel, "Dignity as a Value in Agency Cost-Benefit Analysis" Note, *Yale Law Journal* 123, 2013 – 2014.

[42] Sinden, Amy, Ben Franklin, and the Supreme Court, "Symposium Issue: The Costs and Benefits of Cost-Benefit Analysis", *UC Irvine Law Review* 4, 2014.

[43] Keating, Gregory C., "Is Cost-Benefit Analysis the Only Game in Town", *Southern California Law Review* 91, 2017 – 2018.

[44] Nagy, Donna M., "The Costs of Mandatory Cost-Benefit Analysis in SEC Rulemaking", *Arizona Law Review* 57, 2015.

[45] Tebira, Sarah Hope, "Use of Supporting Documents: Cost-Benefit Analysis in Legislative Drafting", *International Journal of Legislative Drafting and Law Reform* 7, 2018.

[46] Weisbach, David A., "Distributionally Weighted Cost-Benefit Analysis: Welfare Economics Meets Organizational Design", *Journal of Legal Analysis* 7, 2015.

[47] Hsu, Shi-Ling, "A Cost-Benefit Analysis of Sugary Drink Regulation in New York City", *Journal of Food Law and Policy* 10, 2014.

[48] Sechooler, Adam, "Foreword: Symposium Issue: The Costs and Benefits of Cost-Benefit Analysis", *UC Irvine Law Review* 4, 2014.

[49] Vladeck, Joe, "Valuing Regulatory Flexibility: A Real Options Approach to Cost-Benefit Analysis", *Georgetown Law Journal* 103, 2014 – 2015.

[50] Coates, John C. IV, "Towards Better Cost-Benefit Analysis: An Essay on

Regulatory Management", *Law and Contemporary Problems* 78,2015.

[51] Coates, John C. IV, "Cost-Benefit Analysis of Financial Regulation: Case Studies and Implications", *Yale Law Journal* 124,2014 – 2015.

[52] Ben-Shahar, Omri; Schneider, Carl E., "The Futility of Cost-Benefit Analysis in Financial Disclosure Regulation", *Journal of Legal Studies* 43,2014.

[53] Louis E. Wolcher, Senseless kindness, "The Politics of Cost-Benefit Analysis: A Journal of theory and Practice", *Law and Inequality* 25,2007.

[54] Jason Scott Johnston, "A Game Theoretic Analysis of Alternative Institutions for Regulatory Cost-benefit Analysis", *U. Pa. L. Rev.* 150,2002.

[55] Thomas J. Kiesner, "Why Relative Economic Position Does Not Matter: A Cost-Benefit Analysis", *Yale J. on Reg.* 20,2003.

[56] Eric Posner, "Controlling Agencies with Cost-Benefit Analysis: A Positive Political Theory Perspective", *U. Chi. L. Rev.* 68,2001.

[57] Michael Abramowicz, "Toward A Jurisprudence of Cost-Benefit Analysis", *Mich. L. Rev.* 100,2002.

[58] Paul R. Portney & John P. Weyant, "Introduction to Discounting and Intergenerational Equity 1,4" (Paul R. Portney & John P. Weyant eds.,1999).

[59] Michael P. Vandenbergh & Jonathan A. Gilligan, "Macro-Risks: The Challenge for Rational Risk Regulation", *Duke Envtl. L. & Pol'y F.* 21,2000.

[60] Hal R. Varian, "Recalculating the Costs of Global Climate Change", *N. Y. Times*, Dec. 14,2006, at C3.

[61] generally David Weisbach & Cass. R. Sunstein, "Climate Change and Discounting the Future: A Guide for the Perplexed", *Yale L. & Pol'y Rev.* 27,2009.

[62] Matthew D. Adler & Eric A. Posner, "Rethinking Cost-Benefit Analysis", *Yale L. J.* 109,1999.

[63] John D. Graham, "Saving Lives Through Administrative Law and Economics", *U. Pa. L.* 157,2008.

[64] Peter A. Diamond & Jerry A. Hausman, "Contingent Valuation: Is Some Number Better than No Number?", *J. Econ. Persp.* 845,1994.

[65] W. Michael Hanemann, "Valuing the Environment Through Contingent Valuation", *J. Econ. Persp.* 8,1994.

[66]M. S. Feldstein, "The Social Time Preference Discount Rate in Cost Benefit Analysis", *Econ. J.* 74, 1964.

[67]David F. Burgess & Richard O. Zerbe, "Appropriate Discounting for Benefit-Cost Analysis", *J. Benefit-Cost Analysis* 2, 2011.

[68]Jeffrey A. Kolb & Joel D. Scheraga, "Discounting the Benefits and Costs of Environmental Regulations", *J. Pol'y Analysis &Mgmt* 9, 1990.

[69] Daniel H. Cole, "The Stern Review and Its Critics: Implications for the Theory and Practice of Benefit-Cost Analysis", *Nat. Resources J.* 48, 2008.

[70]Partha Dasgupta, "Commentary: The Stern Review's Economics of Climate Change", *Nat'l Inst. Econ.* 199, 2007.

[71]Martin L. Weitzman, "Gamma Discounting", *Am. Econ.* 91, 2001.

[72]Mark A. Moore et al., "'Just Give Me a Number!' Practical Values for the Social Discount Rate", *J. Pol'y Analysis &Mgmt.* 23, 2004.

[73]Accord Aaron Wildavsky, "The Political Economy of Efficiency: Cost-Benefit Analysis, Systems Analysis, and Program Budgeting", *Pub. Admin.* 26, 1996.

[74]Jason Scott Johnston, "A Game-Theoretic Analysis of Alternative Institutions for Regulatory Cost-Benefit Analysis", *U. Pa. L. Rev.* 105, 2002.

[75]John Graham, Paul R. Noe, & Elizabeth L. Branch, "Managing the Regulatory State: The Experience of the Bush Administration", *Fordham Urb. L. J.* 33, 2006.

[76] Harvard Law Review Association, "Administrative Discretion in Zoning", *Harvard Law Review*, 1969.

[77] Alan B. Morrison, "Administrative Agencies are Just Like Legislatures and Courts-Except When They're Not", *Administrative Law Review*, 2007.

[78] Arthur Earl Bonfield, "Administrative Procedure Acts in an Age of Comparative Scarcity", *Iowa Law Review*, 1990.

[79]John Bell, "The Expansion of Judicial, Review over Discretionary Powers in France", *Public Law*, 1986, (Spring).

[80] Richard Rose, "Inheritance in Public Policy: Change without Choice in Contemporary Britain", *Public Law*, 1995, (Summer).

[81] Ernest Giglio, "Rights, Liberties and Public Policy", *Public Law*, 1995, (Winter).

[82]Rose Cranston, "Law, Government and Public Policy", *Public Law*, 1988, (Winter).

[83] Dennis J. Galligan, "Due Process And Fair Procedures: A Study of Administrative Procedures", *Public Law*, 1997, (Autumn).

[84]Douglas Wass, "Check and Balance in Public Policy Making", *Public Law*, 1987, (Summer).

[85]A. P. Le Sueur, "Public Polices and the Adoption Act", *Public Law*, 1991, (Autumn).

[86]D. J Galligan, "Discretionary Powers: A Legal Study of Official Discretion", *Public Law*, 1988, (Summer).

[87] David Campbell, "Promoting Participation: Law or Politics 1999", *Public Law*, 2000, (Summer).

[88]D. J. Galligan, "Discretionary Powers: A Legal Study of Official Discretion", *Public Law*, 1988, (Summer).

[89]Keith Hawkins, "Making Regulatory Policy", *Public Law*, 1992, (Spring).

[90]Michael Harris, "Administrative Justice in the 21st Century", *Cambridge Law Journal*, 2000, 59(2).

[91]Daniel A. Farber, "Rethinking the Role of Cost-Benefit Analysis", *University of Chicago Law Review*, 2009.

[92] Daphen Barak-Erez, "The Administrative Process As A Domain Of Conflicting Interests", *Theoretical Inquiries in Law*, 2005.

[93]Matthew D. Adler, "The Positive Political Theory of Cost-Benefit Analysis: A Comment on John-Ston", *University of Pennsylvania Law Review*, 2002.

[94] Russell B. Korobkin, "Behavioral Analysis and Legal Form: Rules VS. Standards Revisited", *Oregon Law Review*, 2000.

[95]Robert A. Anthony, David A. Codevilla, "Pro-Ossification: A Harder Look at Agency Policy Statements", *Wake Forest Law Review* 1996.

[96] Charles H. Koch, Jr., "Judicial Review of Administrative Discretion", *George Washington Law Review*, 1986.

[97]J. M. Rogers, "A Fresh Look at the Agency Discretion", *Tulane Law Review*, 1983.

[98]Jody Freeman,"Private Parties,Public Functions,and the New Administrative Law",*Administrative Law Review*,2000.

[99] Andrew Caplin and John Leahy, "The Social Discount Rate", *Journal of Political Economy*, Vol. 112, No. 6 (December 2004).

[100] Giancarlo Marini and Pasquale Scaramozzino, "Giancarlo Marini and Pasquale Scaramozzino", *Journal of Population Economics*, Vol. 13, No. 4 (Dec., 2000).

[101]Mareike Schad and Jürgen John, "Towards a Social Discount Rate for the Economic Evaluation of Health Technologies in Germany: An Exploratory Analysis", *The European Journal of Health Economics*, Vol. 13, No. 2 (April 2012).

[102]Anthony E. Boardman, Mark A. Moore and Aidan R., "The Social Discount Rate for Canada Based on Future Growth in Consumption", *Vining. Canadian Public Policy/Analyse de Politiques*, Vol. 36, No. 3 (September/septembre 2010).

[103]Ramsey F., "A mathematical theory of savings", *Econ. J.* 38(152).

[104]Evans, D. J., Sezer, H., "Social Discount Rates for Six Major Countries", *Appl. Econ. Lett.* 11.

[105]Cass R. Sunstein, "The Arithmetic of Arsenic", 90 *Geo. L. J.* 2255.

[106]Lisa Heinzerling, "Markets for Arsenic", 90 Geo. L. J. 2311.

[107]Whitman v. American Trucking Ass'n, 531 U. S. 457(2001).

[108]42 U. S. C. § 7411(2006).

[109]2 U. S. C. § § 658 - 658(g)(2006).

[110]Exec. Order No. 12,866, 58 Fed. Reg. 51,738(Oct. 4, 1993).

[111]Exec. Order No. 13,258, 67 Fed. Reg. 9385(Feb. 28, 2002).

[112]Exec. Order 13,422, 72 Fed. Reg. 2763(Jan. 23, 2007).

[113]Exec. Order 13,563, 76 Fed. Reg. 3821(Jan. 21, 2011).

[114]National Ambient Air Quality Standards for Ozone, 73 Fed. Reg. 16,436, 16,439(Mar. 27, 2008)(to be codified at 40 C. F. R. pts. 50 and 58).

[115]National Ambient Air Quality Standards for Ozone, 73 Fed. Reg. 16,436, 16,437(proposed Mar. 27, 2008).

后　记

对于成本收益分析的研究兴趣，起初源于2008年我在美国求学的时光。在初期的学术文献的阅读过程中，我发现，应该对经济学有一个系统学习，才能对经济学的方法论引入行政法中有一个真实的基础，尤其是成本收益分析定量与定性相结合的优势，促使我对行政法学方法论的科学性的反思。因此，回国以后，我选择了在北京大学深入学习经济学，尤其是在微观经济学的学习过程中，我对于成本收益分析方法又有了更加深入的认识。整个研究我经历了从被经济学的强烈带入到从经济学中跳出而回归行政法学本位的过程，从将成本收益分析当作一种分析方法到坚信其可成为行政法的基本原则的过程。经过10年的研究，我认为成本收益分析不仅是一种方法，还应该成为行政法的基本原则，行政法学者不应该拘泥于对技术性问题的尴尬，而更应该从一个主导者的身份来认识经济学中方法论对解决行政法学方法论科学性的贡献，并懂得转化而为行政法学所用。

成本收益分析原则以解决实际问题为目的的实用主义哲学为功能定位，以定量分析与定性分析相结合的科学性为方法论，以事实与规范问题相分离为程序结构特点，能够缓解我国行政法既有基本原则之间的内在张力，并与比例原则形成交相辉映的功效。成本收益分析原则具有针对事实认定的科学化过程、针对价值判断的民主化过程和替代性方案形成过程的三步法的逻辑结构，其核心技术在于运用统一尺度权衡待审查的法律规则或政策举措可能导致的各类有利和不利后果，在此基础上比较待审查举措与其他可能的替代性举措，最终判断何者更有助于促成社会福利的最优。运用成本收益分析原则对重大行政决策法治化和行政复议双被告制度的利弊分析显示，这一原则具有极强的现实解释力，能够作为我国行政法的基本原则获得更为广泛的适用。这本书的研究仅是一个起步，社科法学对传统以法教义学为主导的行政法学方法论是一个巨大冲击，对行政法学的科学性与解释力提出了巨大质疑，并给予行政法学面向真实问题、拓展学科空间的历史机遇。成本收益分析原则的研究为我们开启了跨学科、多元化、多维度认识并阐释行政法的大门。

我要感谢我的老师江必新先生，感谢他鼓励我去学习经济学，让我在跨学科的学习中收获满满；感谢他对成本收益分析研究在法学层面深远价值的肯定，使我清晰了自己研究的方向；感谢他的真知灼见并督促我查漏补缺，做真学术；提醒我作为学者应该不仅要具有敢于面对真实问题的勇气，更要具有解决真实问题的能力；感谢他对学术孜孜不倦的追求，让我在偶尔怠惰之时惭愧不已。我要感谢我的导师于鸿君教授，感谢他用经济学的思维纠正我法学思维的偏见，感谢他即使在病中也不忘指导我的论文，感谢他对我的鼓励、支持与培养，感谢他作为一位经济学家给我的学术启迪。

我要感谢我的亲人，我的双方父母、我的爱人，是他们在我最需要为家庭奉献的时候鼓励我不能减损对学术的热情，不能放弃对知识的探索与积累，这也是本书得以顺利出版的核心动力。我还要感谢我的孩子，感谢这个小生命让我的生活一切都变得简单、充实而有趣，让我深刻地明白了家庭的含义、责任的定义、人生的意义。陪着一个孩子长大的过程，其实也是自己成长的过程。

我还要感谢一切长期以来在我的工作与学习中给予我支持及帮助的老师与朋友,至高至明日月,至臻至清我心。

郑雅方于紫竹苑

2020 年 10 月 20 日